예배와 삶의 일치

순종의 열매 1

추천의 글

오늘날 그리스도인 중에 하나님의 말씀을 아는 사람은 많으나 말씀대로 살아가는 사람은 흔치 않습니다. 하나님은 시대가 어렵고 힘들 때마다 말씀을 주시고 이 말씀을 읽고, 듣고, 지키기를 원하십니다. 그리하여 말씀에 순종하는 자를 기뻐하시고, 그런 사람에게는 천대까지 복을 주시겠다고 말씀하십니다.

자녀가 부모의 말에 순종해야 하듯이 하나님의 자녀는 하나님의 말씀에 순종하는 것이 신앙 생활에서는 우선적으로 해야 하는 일입니다.

이번에 하나님의 말씀을 사모하고 말씀대로 살아가려고 노력하는 우리 교회 안수 집사인 노길상 집사님께서 성경 말씀 중 "하라", 또는 "하지 말라"하신 말씀을 뽑아 「순종의 열매」라는 책으로 발간하게 되었습니다. 오랫동안 기도하며 묵상하던 말씀들이 활자화되어 우리도 읽고 함께 은혜받게 되었으니 참으로 감사한 일입니다.

이 책을 읽음으로써 '나는 지금 하나님의 뜻대로 살고 있는지' 자신을 진단해 볼 수 있는 좋은 거울이 될 것입니다. 또한 이 책은 가정에서 부모가 자녀에게, 교회에서 교사가 학생에게, 사회에서 어른이 젊은이에게 하나님께 복받는 길을 가르칠 수 있는 좋은 안내자가 될 수 있을 것입니다.

인생의 좁은 길을 하나님께 순종하면서 한 발자국씩 내디딜 때, 그 길은 점점 더 밝게 빛날 것입니다.

명성교회
김삼환 목사

지은이의 한마디

개골개골…

청개구리는 개울가에 산다.

어머니의 무덤이 떠내려 갈까봐 걱정이 되어서일까?

"하라" 하면 안하고 "하지 말라" 하는 것은 골라서 하다가 그래도 어머니의 마지막 유언만은 지켜드린다고 개울가에 어머니를 모셔 놓고, 비만 오면 울어댄다는 청개구리!

그러나 오늘을 사는 우리네 삶에서도 청개구리 인생이 많은 것 같다.

하나님께서 "하지 말라" 하신 것은 한번이라도 해보고 싶고, "하라" 하신 것은 왠지 잘되지 않는다.

청개구리가 날 닮았나? 내가 청개구리를 닮았나?

대체로 좋은 것은 하기 힘들다.

사탕은 달지만 약은 쓰다.

곡식은 기르기 힘들지만 잡초는 가만 두어도 온 땅을 뒤덮는다.

좋은 말은 노력해야 나오지만 나쁜 말은 자동 소총처럼 쏟아져 나온다.

좋은 행동은 마음을 다져먹고 애써야 가능하지만 나쁜 행동은 마음도 먹기 전에 몸이 먼저 나갈 정도로 쉽게 된다.

좋은 말을 하고 싶은데, 좋은 생각을 하고 싶은데, 좋은 일을 하고 싶은데, 원하는 것들은 하지 못하고 원치 않는 악은 자꾸만 하게 되니 "오호라 나는 곤고한 사람이로다. 이 사망의 몸에서 누가 나를 건져내랴."

그래서 위대한 신앙의 사람 사도 바울도 이렇게 고백했으리라!

하나님께서 우리에게 요구하시는 말씀들이 있다.

이것을 크게 나누면 "하라" 하시는 말씀과 "하지 말라" 라는 말씀이다. "하라" 하신 것을 그대로 하면 복이 되고 "하지 말라" 하신 것을 안 하면 역시 복이 된다. 이 책은 그 말씀들 중에 "하라" 하신 말씀들을 골라 보았다. 부끄러운 것은 이 말씀들 앞에 내 자신을 비추어 보니 온통 상처투성이라는 점이다. 도저히 쓸 자신이 없어진다. 그러나 상처는 버려 두지 않고 싸매고 어루만져야 치료가 되듯이 주님의 치유의 손길을 의지하는 심정으로 적어 보았다.

모든 사람이 하나님의 말씀에 순종하여 복 받기를 꿈꾸면서…
꿈이 많은 사람이…

세월을 아끼라

지나가는 택시를 향해 손을 들면 섭니다. 고속도로를 질주하는 고속버스도 서는 곳이 있습니다. 하늘을 나는 비행기도 내려와 쉬는 곳이 있습니다. 흐르는 물은 쉬지 않을 것 같지만 댐을 막아 세워두기도 합니다.

그러나 세월은 멈출 수 없습니다. 댐을 쌓아도 안되고 콘크리트로 장벽을 쌓아도 막을 수 없습니다. 과학을 동원해도 안되고 온갖 볼거리를 만들어서 유혹해도 세월은 멈추지 않습니다.

지금 CD플레이어를 통해 파가니니의 바이올린 곡을 듣고 있습니다. 리모콘으로 멈추기도 하고 되돌려서 다시 듣기도 합니다.

그러나 세월은 멈출 수도 없고 되돌려서 다시 살 수도 없습니다. 기회도 흘러가고 젊음도 흘러갑니다. 시력도 흘러가고 체력도 흘러갑니다.

세월은 귀합니다. 그러기에 아껴야 합니다. 세월은 아끼는 만큼 우리에게 보답해 줍니다. 돈을 아끼지 않은 사람은 주머니가 비지만 세월을 아끼지 않은 사람은 인생이 비게 됩니다.

시간을 수표처럼 쓰지 말고 동전처럼 쓰세요 동전이 구르듯이 행복도 굴러올 것입니다

세월을 아끼라 때가 악하니라 (엡 5:16)

땅을 정복하라

요즘 땅을 정복하는 사람이 많습니다. 특히 한국 사람은 세계 그 어느 민족보다 땅을 정복하는 정신이 강합니다. 기업도 땅을 정복하고 개인도 땅을 정복하기 위해 온갖 노력을 합니다.

그러나 그 정복이 성경에서 말하는 정복이라면 얼마나 좋겠습니까? 안타깝게도 우리가 애쓰는 정복은 부동산 정복입니다.

부동산 투기입니다. 그래서 복부인도 생겨나고 남의 땅이라도 서류를 변조해서 내 것으로 정복하는 하이에나 같은 사람도 많이 있습니다.

하나님께서 땅을 정복하라고 말씀하신 것은 땅을 내가 차지하라는 뜻이 아닙니다. 하나님께서 창조하신 땅을 돌보고 가꾸라는 뜻이라고 생각합니다. 훼손되지 않게 돌보고 재해가 발생하지 않도록 가꾸는 것이라고 생각합니다. 꽃이 피게 하고, 새가 울게 하고, 고기들이 헤엄치게 하는 것이 진정한 정복이 아닐까요?

에베레스트를 정복하고 남극과 북극을 정복하는 것도 훌륭하지만 내 집 앞 작은 동산을 돌보는 것도 정복이라고 생각합니다.

하나님이 그들에게 복을 주시며 그들에게 이르시되 생육하고 번성
하여 땅에 충만하라, 땅을 정복하라(창 1:28)

세상에서는 너희가 환난을 당하나 담대하라

환난을 피해가며 살려는 사람이 있는가 하면, 환난을 마주보며 싸워나가는

사람이 있습니다. 한두 번 환난을 피해갈 수는 있을지 모릅니다.

그러나 환난은 피할수록 더 큰 환난으로 공격해 옵니다.

마귀를 피하는 방법. 마귀를 대적해 싸우며 물리치는 방법이 있습니다.

공격적 축구가 있고 수비 위주의 축구가 있습니다. 골을 먹지 않기 위해

공격수까지 자기 진영으로 내려와 수비하다보면 한 골도 넣기 힘듭니다.

이 세상에는 환난이 끊임없이 닥친다고 말씀하십니다. 예수 믿는다고 환난이

당장 물러가는 것이 아닙니다. 오히려 더 큰 환난이 시험합니다. 예수 믿기

전에는 바람만 불었는데 믿은 후로는 태풍이 몰아닥치기도 합니다.

그러나 예수님께서는 말씀하십니다. 담대하라는 것입니다. 걱정하지 말라는

것입니다. 왜냐하면 예수님께서 세상을 이기셨다고 하셨습니다.

예수님이 세상을 이긴 것과 내가 당하는 환난과는 무슨 관계가 있습니까?

세상을 이기신 주님께서 내가 당하는 환난을 대신 지시고 이기게

해주신다는 것입니다.

이것을 너희에게 이름은 너희로 내 안에서 평안을 누리게 하려 함
이라 세상에서는 너희가 환난을 당하나 담대하라 내가 세상을 이기
었노라(요 16:33)

∘복(福)∘이∘되∘는∘일∘

내가 거룩하니 너희도 거룩하라

왕자는 왕자다운 행동을 해야 합니다. 왕자다운 생각, 왕자다운 걸음걸이, 왕자다운 말씨와 인격을 지녀야 합니다. 왕자가 상민처럼 생각하고, 조심 없이 마구 행동하면 나라의 장래가 어둡습니다. 그 욕은 아버지인 왕에게 고스란히 돌아갑니다.

하나님의 자녀는 하나님의 자녀다운 행동을 해야 합니다.
하나님의 자녀다운 생각, 하나님의 자녀다운 말씨와 인격을 지녀야 합니다.
하나님의 자녀가 세상 사람처럼 생각하고 되는대로 생활하면 하나님 나라가 축소됩니다. 그 욕은 자신도 듣지만 하나님께도 욕을 돌리게 됩니다.
하나님은 거룩하십니다. 그러기에 하나님께서는 우리에게 거룩하기를 요구하십니다.

종은 종소리를 내야하고 피아노는 피아노 소리를 내야하듯이 성도는 삶으로, 행동으로, 말로 거룩하신 하나님을 보여 주어야 합니다.

나는 너희의 하나님이 되려고 너희를 애굽 땅에서 인도하여 낸
여호와라 내가 거룩하니 너희도 거룩할지어대(레 11:45)

선한데 지혜롭고 악한데는 미련하라

악한 일에 지혜로운 사람들이 많습니다. 법을 교묘히 피해 다니며 사기를
치고, 감탄할 만큼 지혜롭게 계획해서 남의 것을 가로채는 사람들이
많습니다. 그런 지혜를 좋은데 사용했으면 국가 경제가 굉장히 좋아질텐데
악한데 사용하니 안타까운 일입니다.

북한이 핵무기를 개발하고 각종 미사일을 만들어서 휴전선에 전진
배치했다는 뉴스를 들었습니다. 국민은 굶어 죽어가고, 아이들은 뼈만 남아
지옥 같은 삶을 살고 있는데 그런 과학과 기술을 경제개발이나 국민의
복지에 쓰지 않고 오로지 전쟁준비에 몰두하니 저들의 어리석음과 무지가
한심하고 안타깝기 그지없습니다.

어디 북한만 그렇습니까? 우리네 삶의 현장을 봅니다. 영적인 일에는
둔하고 어둡기만 하고, 세상일에는 얼마나 계산이 빠르고 행동도 빠른지
모릅니다.

주님은 권고하십니다. 선한데 지혜롭고 악한데는 미련하라고 안타까운
심정으로 권고하십니다.

> 그러므로 내가 너희를 인하여 기뻐하노니 너희가 선한 데
> 지혜롭고 악한 데 미련하기를 원하노라(롬 16:19)

•복(福)•이•되•는•일•

40년 광야의 길을 걷게 하신 것을 기억하라

부모가 이유 없이 자녀에게 일을 시키는 경우는 없습니다. 여행을 보내는 데도 이유와 목적이 있고, 여자아이에게 설거지를 시키는 데도 까닭이 있습니다.

군대에서 훈련을 시키는 데도 이유가 있습니다. 뜻 없이 기합 주려고 시키지는 않습니다. 유사시 나라를 지키고 자기 스스로 역경을 이겨내도록 훈련 프로그램을 짜는 것입니다.

사랑하는 사람에게는 반드시 훈련이라는 과정을 밟게 합니다.
부모도 자식을 사랑할수록 간섭이 많습니다. 하나님께서도 사랑하는 사람을 그냥 편하게만 내버려두시지 않습니다. 좌로 굴러, 우로 굴러를 시키고 눈물 골짜기를 통과시킵니다.
하나님께서는 세상의 유혹이나 시험에 물렁물렁한 허약한 백성을 원치 않으십니다. 연단을 통해 단련된 정금 같은 백성을 원하십니다.

네 하나님 여호와께서 이 사십 년 동안에 너로 광야의 길을 걷게
하신 것을 기억하라 이는 너를 낮추시며 너를 시험하사 네 마음이
어떠한지 그 명령을 지키는지 아니 지키는지 알려 하심이라(신 8:2)

두렵고 떨림으로 구원을 이루라

좋은 것을 받을 때는 두렵고 떨립니다. 대통령께 상을 받는다면 두렵고 떨릴
것입니다. 좋은 것이기 때문입니다. 대중 앞에 설 때는 두렵고 떨립니다.
나를 공개시키기 때문입니다.

초등학교 5학년 때 교내 웅변 대회에 나간 적이 있습니다. 잘 하지도
못하는데 떠밀리다시피 나갔습니다. 거기다 어금니에 충치가 생겼으나
시골이라 치료를 못하고 볼이 퉁퉁 부은 채로 단상에 섰습니다.
앞이 캄캄하고 떨려서 어떤 말을 어떻게 했는지도 모르고 내려왔습니다.
그런데도 상을 받았습니다. 퉁퉁 부어오른 볼을 이리저리 실룩거리며 애쓴
모습이 불쌍해서 준 듯 싶습니다. 교장 선생님께서 상을 주시는데 또 얼마나
떨었는지 모릅니다.

구원은 귀합니다. 최고의 가치가 있습니다. 천하를 얻었다 해도 구원을
놓치면 아무것도 아닙니다. 그러기에 두렵고 떨림으로 구원을 이루어야
합니다.

그러므로 나의 사랑하는 자들아 너희가 나 있을 때뿐 아니라 더욱
지금 나 없을 때에도 항상 복종하여 두렵고 떨림으로 너희 구원을
이루라(빌 2:12)

∘복(福)∙이∙되∙는∙일∘

네 장막터를 넓히라

하나님은 넓으신 분입니다. 지구도 한없이 넓은데 지구뿐 아니라 온 우주의
주인이십니다. 하나님의 자녀는 넓어야 합니다. 가슴도 넓고, 생각도 넓고,
꿈도 넓어야 합니다. 나를 넘어 이웃으로, 이웃을 넘어 세계로 나가야
합니다.

생각을 자꾸 좁혀 가는 사람이 있습니다. 이해도 좁히고, 용서도 좁히고,
관용도 좁혀서 인격이 1평도 안 되는 좁은 방같이 움츠러드는 분이
있습니다. 작은 잘못도 용서 못하고, 작은 실수도 용납하지 않습니다.

날마다 생각을 넓혀 가는 사람이 있습니다. 어제보다 오늘은 더 사랑하고,
더 넓게 이해하고, 전에는 어쩔 줄 몰라했던 일들을 관용하고 받아들입니다.
누군가 "세계는 넓고 할 일은 많다"고 했습니다.
그렇습니다. 하나님의 자녀는 이렇게 말해야 합니다.
"하나님은 무한히 크시고 내가 해야 할 일도 무한하다."

네 장막터를 넓히며 네 처소의 휘장을 아끼지 말고 널리 펴되 너의
줄을 길게 하며 너의 말뚝을 견고히 할지어다(사 54:2)

∘순∘종∘의∘열∘매∘Ⅰ∘

땅에 있는 지체를 죽이라

생명력이 강한 것이 있습니다. 잡초는 생명력이 강합니다.

베란다에 화초가 몇 그루 있습니다. 그런데 어디서 날아왔는지 잡초가 섞여

있습니다. 잡초를 뽑아주고 몇 일을 지나보면 언제 또 자랐는지 잡초가

자라고 있습니다. 잊어버리고 물을 몇 일 안주면 화초는 시들어서 죽어

가는데 잡초는 제 세상 만난 듯 싱싱하기만 합니다.

우리의 지체 속에는 세상 것이란 땅의 욕심들이 잡초처럼 날아와 자랍니다.

음란의 잡초, 부정과 사욕의 잡초, 정욕의 잡초, 탐심의 잡초들이 날마다

자랍니다.

이것들을 죽이지 않고 방치하면 온 지체를 세상 것들이 지배하고 맙니다.

성도의 삶은 매일 매일, 순간순간 잡초와의 전쟁입니다.

끊임없이 뽑고, 제거하고 죽이는 것이 성도의 삶입니다.

내 심령의 꽃밭을 점검해 봅니다.

또 얼마나 많은 잡초가 뿌리를 내리고 있나 점검해 봅니다.

그러므로 땅에 있는 지체를 죽이라 곧 음란과 부정과 사욕과 악한
정욕과 탐심이니 탐심은 우상숭배니래(골 3:5)

◦복(福)◦이◦되◦는◦일◦

모든 생물을 다스리라

하나님께서 사람에게 부여하신 능력은 그 어떤 피조물보다 뛰어났습니다.
사람은 하나님의 형상이며 하나님께로부터 생기를 직접 공급받아 생령이
되었습니다.

땅을 정복하며 바다의 고기와 공중의 새와 땅에 움직이는 모든 생물을
다스리는 복을 받았습니다.

인간의 몸집과는 비교 못할 정도로 큰 바다 속의 고래를 비롯해서 무서운
이빨의 상어, 창공을 나는 독수리, 밀림의 왕인 사자와 호랑이를 마음대로
다스릴 수 있었다고 생각하니 얼마나 신났을까 상상해 보았습니다.

그러나 아담의 범죄로 인해 생물들은 사람과 부조화를 가져왔습니다.
약하면 피하고, 급하면 독침을 쏘고 강하면 사람을 공격하게 되었습니다.
과학의 발달로 무기를 개발하여 지배하고는 있으나 조화는 깨지고
말았습니다.

예수 그리스도를 통한 하나님과의 조화가 곧 모든 생물과의 조화를
가져옵니다.

하나님이 그들에게 복을 주시며 그들에게 이르시되 생육하고 번성
하여 땅에 충만하라 땅을 정복하라 바다의 고기와 공중의 새와 땅
에 움직이는 모든 생물을 다스리라 하시니라(창 1:28)

어리석고 무식한 변론을 버리라

신문을 보면 하루도 평안히 지나간 날이 없습니다.
싸우고, 찌르고, 죽이고, 이혼하는 일들이 쉴새없이 벌어집니다.
신문지상에 보도되지 않은 일들이 더 많을 것이라고 생각하니 끔찍한
일입니다.

그러나 이런 결과가 나오는 원인을 따져보면 별것 아닌 것들입니다. 사소한
문제로 티격태격하고, 동네 아이들 싸움거리밖에 안 되는 별것 아닌 문제로
서로 대립하다가 이혼 법정으로 달려가기도 하고, 부엌으로 식칼을 가지러
가기도 합니다.

어리석고 무식한 변론의 결과는 무섭습니다.
성도는 변론에 앞서 이해해야 합니다. 용서해야 합니다. 진리에 대해서도
변론보다는 순종의 자세로 임해야 합니다. 문제를 앞에 놓고 따지고
비평해야 똑똑한 사람으로 인정된다는 어리석은 착각이 불행을 가져옵니다.
지혜로운 사람은 변론을 피해 가는 사람입니다.

어리석고 무식한 변론을 버리라 이에서 다툼이 나는 줄 앎이라(딤후 2:23)

• 복(福) • 이 • 되 • 는 • 일 •

여호와께 드리는 예물은 흠없는 온전한 것으로 하라

과일을 살 때 선물용이면 이리저리 살펴보고 삽니다. 썩은 데는 없는지, 빛깔은 고운지, 크기는 고른지, 잘 익었는지 세심히 살피고 삽니다. 내가 먹을 것이면 흠이 조금 있어도 잘라내고 먹으면 되지만 선물용은 신경을 쓰게 됩니다.

얼마 전 선물할 일이 있어 집사람과 주방용품 코너를 갔습니다. 법랑 냄비를 하나 고르는데 얼마나 오래 걸리는지 짜증이 날 지경이었습니다. 이리 돌려보고 저리 만져보고 불빛에 비춰보고 뚜껑을 열어보고 속을 들여다보고 들었다 놓았다 했습니다. "그만하면 깨끗한데 대충 삽시다"라고 짜증스레 말했더니 내가 쓸 것이면 몰라도 선물할 것이니 그러면 안 된다는 것입니다.

사람에게 하는 작은 선물도 흠 있는 것이면 하지 않는 것이 도리일진대 거룩하신 하나님께 드리는 예물은 최대의 정성을 들여야 하리라 생각합니다.

열납되도록 소나 양이나 염소의 흠 없는 수컷으로 드릴지니(레 22:19)

갓난아이들 같이 순전하고 신령한 젖을 사모하라

갓난아이는 젖만 먹습니다. 젖만 있으면 만족합니다. 다른 것을 찾지 않습니다. 그러나 조금 자라면 이것저것 마구 먹습니다. 뜨거운 핫도그도 먹고 차가운 아이스크림도 먹습니다. 질긴 오징어도 먹고 딱딱한 음식도 먹습니다.

물론 아이들은 자라면서 이렇게 먹어야 합니다. 그러나 성도가 사모하고 양식으로 삼아야 할 것은 잡식성이 아닙니다. 아무거나 좋아하고 아무 데나 따라가고 아무거나 사모해서는 안됩니다.

성도는 순수해야 합니다. 국가 대표 선수들에겐 선수촌에서 지정해 주는 식단이 있듯이 성도는 하나님께서 지정해 주시는 식단이 있습니다. 그 식단에 만족해야 합니다. 지정된 식단 외에 다른 것을 먹으면 부작용이 일어납니다.

욕심의 음식, 시기의 음식, 비방의 음식, 원망의 음식을 멀리하고 생명의 양식인 말씀을 사모하고 부지런히 먹어야 합니다.

갓난아이들같이 순전하고 신령한 젖을 사모하라 이는 이로 말미암아
너희로 구원에 이르도록 자라게 하려 함이니라(벧전 2:2)

나그네를 사랑하라

나그네는 외롭습니다, 불안합니다. 나그네는 주변 환경에 민감합니다.

보호해 줄 이도 없고 그를 위해 변호해 주거나 도와 줄 이도 없습니다.

이스라엘은 나그네였습니다. 애굽땅에서 430년이나 나그네의 삶을

살았습니다. 자기 땅이 아닌 곳에서 자기 백성이 아닌 이방인의 땅에서 오래

살았습니다.

이제 애굽을 떠나 가나안땅에 정착하게 되었습니다. 자기 땅에 왔습니다.

자기 백성과 더불어 살게 되었습니다. 그러나 자기가 살았던 나그네의 삶을

잊어버리고 그 곳 나그네를 학대하기도 했습니다.

우리도 나그네의 삶을 살고 있습니다. 내가 살고 있는 집은 영원한 집이

아닙니다. 아무리 인테리어를 새로 하고 정성을 다해 꾸며도 영원히 머물

곳은 아닙니다.

우리는 모두 똑같은 나그네들입니다. 잠시 머물다 떠날 장막에서 왜 그리

미워하고, 시기하고, 무얼 더 가지려고 발버둥치나요?

나그네들끼리 서로 사랑하며 사십시다.

너희는 나그네를 사랑하라 전에 너희도 애굽땅에서 나그네 되었었
음이니라(신 10:19)

나를 따라 오너라

누구를 따라가야 합니까? 부모를 따라가야 합니까? 스승을 따라가야

합니까? 어디를 향해 쫓아가십니까? 유행을 쫓아가십니까? 명예를

쫓아가십니까? 권력을 쫓아가십니까?

사람은 일평생 무언가를 따라가는 삶입니다. 어릴 때는 부모를 따라가고,

학교가면 친구를 따라가고, 조금 더 크면 이성을 따라갑니다.

어른이 되면 돈을 따라가고, 명예도, 권력도 따라가 봅니다. 그러나 죽도록

힘들게 따라가 봐도 남는 것은 허무와 좌절뿐입니다.

솔로몬은 가장 많은 것을 따라갔고, 또한 가장 많이 소유해본 복을 많이

받은 사람입니다. 그러나 그의 고백은 "헛되고 헛되며 헛되고 헛되니 모든

것이 헛되도다" 라고 모든 것이 헛됨을 노래하고 있습니다.

예수를 따라가야 합니다. 예수 안에 평안이 있습니다.

오직 예수 안에 온갖 보화가 있습니다.

> 말씀하시되 나를 따라 오너라 내가 너희로 사람을 낚는 어부가 되
> 게 하리라 하시니(마 4:19)

•복(福)•이•되•는•일•

항상 예비하고 있으라

준비하고 있는 자만이 성취할 수 있습니다.

사람은 일평생 몇 번의 기회를 만난다고 합니다. 이 기회를 붙잡으면 성공의

길이 열리고, 기회를 놓쳐 버리면 나중에 후회한들 소용이 없습니다.

기회를 내 것으로 붙잡는 비결이 있습니다. 항상 예비하고 있어야 합니다.

예비하고 있으면 기회가 지나갈 때 그것이 기회로 보입니다.

그러나 예비되어 있지 않으면 기가 막힌 기회가 옆에 있어도 그것이 기회인

줄 모르고 있다가 지나간 후에 땅을 치며 후회하게 됩니다.

기회는 기다리는 자에게 자기 정체를 나타내지만 관심 없는 자에게는

자기도 드러내지 않습니다.

인류 최대의 기회는 예수 그리스도를 만나는 것입니다.

그리고 다시 오실 예수를 맞이하는 것입니다.

예수를 만나고, 다시 오실 예수를 영접하는 그 이상의 축복은 없습니다.

이러므로 너희도 예비하고 있으라 생각지 않은 때에 인자가 오리래(마 24:44)

◦순◦종◦의◦열◦매◦Ⅰ◦

동산의 각종 실과를 마음대로 먹으라

먹는 복이 큰 복입니다. 어쩌면 가장 기본적인 복일 수도 있습니다.

잘 입고, 좋은 집에 사는 것도 복이지만 몸이 건강치 못해 제대로 먹지

못하면 좋은 옷도 좋은 집도 의미가 없습니다.

북한은 지금 극도의 빈곤에 허덕이고 있습니다. 뼈만 남은 아이들의 초점

없는 눈을 보면 가슴이 답답합니다. 씀바귀 죽을 한 모금 받아먹고 도저히

입에 맞지 않아 돌아눕는 할머니의 모습은 차마 보기에도 민망합니다.

왜 이 지경까지 이르렀을까요?

하나님을 떠난 버림받은 민족의 모습입니다. 만물을 창조하시고 풍요를

주시고 각종 양식과 실과를 주시는 하나님을 버린 민족의 현실을

바라봅니다.

잃어버린 에덴 동산!

죄로 인해 잃어버린 에덴 동산!

수정같이 맑은 생명수 강가에 열두 가지 과일이 달마다 열리는 천국을

소망하며 오늘을 삽니다.

여호와 하나님이 그 사람에게 명하여 가라사대 동산 각종 나무의
실과는 네가 임의로 먹되(창 2:16)

∘복(福)∘이∘되∘는∘일∘

너희도 서로 발을 씻기라

서로 발을 씻기는 정신으로 살면 얼마나 좋을까요?

선거를 앞두고 있습니다. 공부도 많이 하고, 인격도 훌륭하고, 가문도

교양도 보통 사람보다는 뛰어난 분들이 출마하고 있습니다. 그분들은 분명

한국을 이끌어갈 훌륭한 인물들임에는 틀림없습니다.

그런데 납득할 수 없는 일들이 번번이 일어납니다.

그 정도로 공부도 많이 하고, 인격도 훌륭하고, 주위의 존경을 받는

인물들인데도 이상한 것은 한결같이 상대방을 비난하는 것입니다.

자기만 깨끗하고 남은 다 더럽다는 것입니다. 자기만 자격이 있고 남들은

미흡하다는 것입니다.

제가 정치를 몰라서 그런지는 모릅니다.

정치를 하려면 우선 상대방을 비방하는 것부터 배우는지 모르겠습니다.

상대방의 장점도 말하고 자신의 소견도 발표하여 지지를 얻으면 안 되는

일일까요? 저의 꿈일까요?

서로의 허물을 덮어주고 서로 발을 씻어 주며 사는 사회, 그런 사회를

기대해 봅니다.

내가 주와 또는 선생이 되어 너희 발을 씻겼으니 너희도 서로 발을
씻기는 것이 옳으니라(요 13:14)

이웃 사랑하기를 네 몸같이 하라

아끼는 것이 많아도 자기 몸처럼 아끼는 것은 없습니다.

피곤하면 쉬고, 아프면 약 먹고, 약해지면 보약도 먹습니다. 몸에 좋다면

남아 나는 것이 없습니다. 우리 나라에서 동이 나면 비행기타고 해외까지

날아가서 먹어치웁니다. 그래서 "보신 관광"이라는 말까지 생겼습니다.

자기 몸을 아끼고 돌보는 것이 나쁜 것은 아닙니다.

당연히 아끼고 돌봐야 합니다. 특히 성도들은 하나님의 성전인 몸을

정결하게 관리해야 할 의무도 있습니다. 세상에 물들지 않게 하고, 악의

도구로 몸이 쓰여지지 않도록 늘 관리해야 합니다.

우리는 내 것에 너무 강합니다.

내 몸, 내 욕심, 내 미래 등 내 것에 가려서 이웃을 보지 못합니다.

하나님께서는 나를 넘어 이웃을 보기 원하십니다.

"나"라는 벽을 넘어 이웃까지 내 몸 사랑하듯 사랑하기를 요구하십니다.

원수를 갚지 말며 동포를 원망하지 말며 이웃 사랑하기를 네 몸과
같이 하라 나는 여호와니래(레 19:18)

• 복(福) • 이 • 되 • 는 • 일 •

주 예수 그리스도로 옷 입으라

옷이 많습니다. 동대문 시장을 가본 적이 있습니다. 좁은 복도를 사이에 두고 끝없이 펼쳐진 시장 안에는 가지가지 옷들로 쌓여 있었습니다. 저렇게 많은 옷을 누가 다 입을까 걱정이 될 정도로 옷이 많았습니다.

시장을 나와 거리로 나섰습니다. 수많은 사람들이 오고 갑니다. 그런데 벗은 사람은 한 사람도 없었습니다. 모두가 옷을 입되 아무렇게나 입은 것이 아니라 제각기 몸매에 따라, 피부색에 따라, 키에 따라 얼굴 모양새에 따라 조화를 이루는 멋진 모습들이었습니다.

모두가 모델같고 몸매와 어울리는 패션 디자이너들 같았습니다.

옷을 잘 입는 것은 좋은 일입니다. 그러나 더 중요한 것이 있습니다.

심령의 옷을 잘 입어야 합니다.

주 예수로 옷 입어야 합니다.

몇백만 원 짜리 옷을 입었다 해도 예수로 옷 입지 않으면 너무나도 불행한 사람입니다.

> 오직 주 예수 그리스도로 옷 입고 정욕을 위하여 육신의 일을 도모
> 하지 말라(롬 13:14)

복 주심을 인하여 가족과 함께 즐거워하라

가정이 파괴되고 있습니다. 예전에는 피눈물을 삼키면서도 기다리고, 웬만한 불륜이 있어도 가정을 지키기 위해 참고 온갖 노력을 다했습니다. 가정이 깨어지는 것은 하늘이 무너져도 있어서는 안 된다고 생각했습니다. 그러나 요즘은 밥먹듯이 이혼합니다. 성격이 안 맞는다고 헤어지고, 혼수가 마음에 안 든다고 서로 갈라섭니다.

또 하나의 가정의 위기는 가족이 함께 할 시간이 줄어드는 것입니다. 가족이라는 울타리만 있을 뿐 뿔뿔이 흩어집니다. 마치 여관처럼 잠만 자면 제각기 흩어져 버리고 맙니다.

아이들은 학교로, 학원으로 과외로 빼앗겨 버리고, 남편은 직장에 빼앗겨 버리고, 식구라는 알맹이는 다 빠져 버리고 집이라는 껍데기만 덩그렇게 남아 있습니다. 마치 속없는 만두처럼 되어버리고 말았습니다.

하나님께서는 명령하십니다.

가족이 함께 하라는 것입니다. 함께 기뻐하고 즐거워하라는 것입니다. 하나님께서 우리 가정에 주신 복을 찾아보고 복 주신 하나님께 감사하며 즐거워하라고 하십니다.

거기 곧 너희 하나님 여호와 앞에서 먹고 너희 하나님 여호와께서
너희 손으로 수고한 일에 복 주심을 인하여 너희와 너희 가족이
즐거워할지니라(신 12:7)

•복(福)•이•되•는•일•

주께 기쁘시게 할 것이 무엇인가 시험하여 보라

행복한 부부의 이야기를 들은 적이 있습니다. 부자도 아니고 좋은 학교도
나오지 못한 평범한 부부입니다. 자기 집도 아닌 전세를 살고 있는
부부입니다. 그런데도 언제나 행복한 얼굴로 다닙니다. 비결은 간단합니다.
부인은 남편이 퇴근할 때가 되면 "오늘은 어떤 것으로 남편을 기쁘게
해볼까"를 생각합니다. 그래서 요리책을 사서는 이것저것 정성껏 해봅니다.
비싼 재료가 아니지만 정성 속에 행복이 있습니다.
남편은 퇴근할 때가 되면 부인이 평소에 어떤 것을 좋아했나 생각해 봅니다.
그래서 꽃 한 송이라도 삽니다. 물론 매일매일 이렇게 할 수는 없지만
그래도 한 달에 몇 번은 실천해 봅니다.
이상하게도 남을 기쁘게 해주면 내 기쁨은 더 큽니다.

사도 바울은 권면합니다.
어떻게 살면 하나님이 기뻐하실까? 어떤 일을 하면 하나님이 좋아하실까?
어떤 생각을 하면 잘했다 하실까? 어떤 말을 하면 좋은 말이다 하실까?
생각해 보라고 권면합니다.

주께 기쁘시게 할 것이 무엇인가 시험하여 보라(엡 5:10)

○순○종○의○열○매○Ⅰ○

여호와를 청종하라

인간의 불행이 어디에서 옵니까? 귀가 잘못되어서 입니다. 귀 기울여야 할

곳은 외면하고 듣지 말아야 할 곳에 귀를 기울이다 길을 잃어버린 것입니다.

하나님 말씀은 경고하십니다.

"때가 이르리니 사람이 바른 교훈을 받지 아니하며 귀가 가려워서 자기의

사욕을 좇을 스승을 많이 두고 또 그 귀를 진리에서 돌이켜 허탄한

이야기를 쫓으리라."

이어폰을 너무 많이 들으면 귀가 비정상이 된답니다. 특정 주파수와 음폭에

적응되어 일반적인 소리를 제대로 듣지 못하는 경우로 발전한다고 합니다.

우리의 주위에는 너무 많은 소리들이 있습니다. 인격을 파괴하는 소리,

영혼을 병들게 하는 소리들이 너무도 많습니다. 악마를 찬양하는 테이프가

청소년들에게 인기가 있고 세상의 헛된 유혹의 소리에 끌려가는 어른들도

너무나 많습니다.

여호와의 목소리를 청종해야 합니다. 여기에 진리가 있습니다. 그래야

영혼이 삽니다.

> 너희가 어찌하여 양식 아닌 것을 위하여 은을 달아 주며 배부르게 못할
> 것을 위하여 수고하느냐 나를 청종하라 그리하면 너희가 좋은 것을 먹
> 을 것이며 너희 마음이 기름진 것으로 즐거움을 얻으리라(사 55:2)

무엇에든지 칭찬할 만하라

칭찬만큼 귀한 것도 없습니다. 칭찬의 위력은 대단합니다. 칭찬은 낙오자를 선두주자로 끌어올립니다. 칭찬은 무능한 사람을 유능한 인물로 만듭니다. 칭찬은 어려운 것이 아닙니다. 돈이 드는 것도 아니고 땀을 흘려야 하는 것도 아닙니다. 그런데도 하기 어려운 것이 또한 칭찬입니다.

자녀를 성공으로 이끄는 비결이 칭찬입니다. 열 번의 잔소리보다 한 번의 칭찬이 효력이 있습니다. 그러나 열 번 잔소리하기가 쉽지 한 번 칭찬하기가 어렵습니다.

그러면서도 자신은 칭찬받기 원합니다. 작은 것 하나 해 놓고 큰 칭찬을 기다립니다. 사해바다처럼 받기만 하고 주려고 하지 않습니다.

성도의 삶은 무슨 일에든지 칭찬할 만해야 한다고 말씀하십니다.

말에도 칭찬할 만하고, 행실에도 칭찬할 만하고, 봉사에도, 헌신에도 칭찬할 만한 삶을 살라고 말씀하십니다.

칭찬하는 데 부자가 됩시다. 칭찬 받는 데는 가난한 심령이 됩시다.

무엇에든지 칭찬할 만하며 무슨 덕이 있든지 무슨 기림이 있든지
이것들을 생각하래(빌 4:8)

∘순∘종∘의∘열∘매∘Ⅰ∘

방주로 들어가라

방주는 구원의 집입니다. 방주는 생명의 집입니다. 세상에는 집도 많습니다. 빌딩도 많습니다. 출퇴근 시간이 되면 어깨가 서로 부딪히고 발이 밟힐 만큼 많고 많은 인파로 거리가 뒤덮입니다. 그러나 어둠이 내리고 밤이 깊어 가면 모두들 어디론가 들어갑니다. 모두가 들어갈 집이 있습니다.

그러나 그곳은 구원의 집은 아닙니다. 생명의 집도 아닙니다. 피곤한 육신이 잠시 힘을 얻는 곳이지 영원한 안식을 주는 곳은 아닙니다.

인류가 물의 심판으로 멸망할 때 방주는 유일한 구원의 집이었습니다. 오늘날 인류가 죄의 심판으로 멸망으로 이끌려갈 때 유일한 구원의 집은 그리스도의 몸된 교회입니다. 그러기에 교회가 귀합니다.

교회는 그저 착한 사람이 되라고 가르치는 교육장이 아닙니다. 교회는 이웃에게 선을 베푸는 자선기관도 아닙니다. 물론 그런 기능을 수행하는 측면도 있습니다. 그러나 그것이 주된 역할이 아닙니다.

교회는 예수의 피로 세운 하나님의 집이요, 생명의 집입니다. 방주로 들어가야 살았듯이 오직 교회로 들어와야 삽니다.

여호와께서 노아에게 이르시되 너와 네 온 집은 방주로 들어가라(창 7:1)

∘복(福)∙이∘되∙는∙일∘

망령되고 헛된 말을 버리라

세상에 무엇이 가장 많을까요? 사람이 많다고요? 그렇습니다. 사람이
많습니다. 모래가 많다고요? 그렇습니다. 바닷가에 가보니 모래도
많았습니다. 제주도에 가면 돌도 많고, 북극에 가면 얼음도 많습니다.

그러나 세상에 가장 많은 것은 말이라고 생각합니다. 사람이 많지만 이렇게
많은 사람들이 일평생 수천만 번의 말을 한다고 생각하니 가히 말의 수는
셀 수도 없습니다.

이렇게 많은 말 중에는 좋은 말도 있고 나쁜 말도 있습니다. 약이 되는 말도
있고 독이 되는 말도 있습니다. 들으면 격려가 되는 말이 있고 들으면
좌절되는 말도 있습니다. 사람을 살리는 말도 있고 죽음으로 끌어가는 말도
있습니다. 말의 위력은 핵폭탄보다 무섭기도 하고 산삼보다 귀하기도
합니다.

성도는 망령되고 헛된 말을 버려야 합니다.
입술의 열매가 천국과 지옥을 결정짓습니다.

망령되고 헛된 말을 버리라 저희는 경건치 아니함에 점점 나아가나
니(딤후 2:16)

°순•종•의•열•매• l •

센 머리 앞에서 일어나라

고향 마을 동구밖에는 커다란 정자나무가 있습니다. 이 나무 아래엔 더위를
피해 나온 마을 사람들이 이야기꽃을 피우곤 했습니다. 그곳엔 젊은 사람도
더러 있지만 대부분 마을 어른들이십니다. 이곳을 지나는 젊은이들은 모두
걸음을 멈추고 허리까지 굽혀 인사를 올리고 지나갔습니다.
젊은이들이 모여 있는 곳을 어른이 오시면 모두 자리에서 일어나 절을
올렸습니다. 그냥 앉은 채로 인사하는 사람은 아무도 없었습니다. 담배를
피우고 있다가도 어른의 모습만 보이면 얼른 끄고는 모두 일어나 인사를
올렸습니다.

그러나 요즘은 너무도 많이 달라졌습니다.
일어서기는커녕 나무라는 어른에게 대드는 학생까지 있으니 말입니다.
시대가 변하면 따라서 변하는 것이 있습니다. 그러나 시대가 100번이
바뀌어도 변하지 말아야 하는 것도 있습니다. 하얗게 머리가 센 어른 앞에
젊은이가 일어나야 하는 것은 영구불변의 하나님의 법칙입니다.

너는 센 머리 앞에 일어서고 노인의 얼굴을 공경하며 네 하나님을
경외하라 나는 여호와니라(레 19:32)

∘복(福)∘이∘되∘는∘일∘

이방신을 소개하는 선지자나 꿈꾸는 자를 죽이라

웬만한 것은 용납하되 절대로 용납 안 하는 부분이 있습니다.

불은 웬만한 것은 모두 용납합니다. 나무도 좋고, 풀도 좋습니다.

쇳덩어리도 좋습니다. 녹여버립니다. 바위도 겁내지 않습니다. 터뜨려

버립니다. 그러나 물은 질색입니다. 오직 물만은 용납하지 않습니다.

하나님은 참으로 사랑의 폭이 넓으십니다. 하늘을 두루마리 삼고 바다를

먹물 삼아도 하나님의 사랑을 다 기록할 수 없다고 찬송하고 있습니다.

하나님께서 웬만한 죄들에 대해 일일이 체크하시면 이 세상에 살아 있을

사람은 아무도 없을 것입니다. 하루에도 몇 번씩은 죽어야 할 것입니다.

목숨이 백 개라도 일찌감치 다 죽고 하나도 안 남았을 것입니다.

그러나 이토록 사랑과 관용의 폭이 넓으신 하나님께서도 한 가지 앞에는

불이 물을 싫어하듯이 도저히 용납하지 않으시는 것이 있습니다.

바로 하나님 외에 다른 이방신을 섬기는 일입니다.

이방신을 소개하고 전파하는 자는 결코 용서치 않으십니다.

그 선지자나 꿈꾸는 자는 죽이라 이는 그가 너희로 너희를 애굽땅
에서 인도하여 내시며 종 되었던 집에서 속량하여 취하신 너희 하
나님 여호와를 배반케 하려 하며(신 13:5)

∘순∘종∘의∘열∘매∘Ⅰ∘

너희 빛을 사람 앞에 비취게 하여 너희 착한 행실을 보고
하나님 아버지께 영광을 돌리게 하라

명령의 말씀이 길지만 요약하면 간단합니다.

하나님을 믿는 내가 잘하면 하나님께 영광이 돌려지고, 반대로 내가 잘못

살면 하나님께서 욕을 당하신다는 것입니다.

어릴 적 시골에서는 어른들이 이런 말씀을 자주 하셨습니다.

"저 놈 누구 집 자식이냐 버르장머리 없기는…"

반대로 이런 말씀도 많이 들었습니다.

"아무개 자식 하나는 참 잘 키웠어. 인물 날거야." 그렇습니다. 자식이

잘하면 부모가 높임을 받고 자식이 잘못하면 부모가 욕을 먹었습니다.

불신자는 하나님을 알 수가 없습니다. 볼 수도 없습니다. 그렇기 때문에

믿는 사람의 행위를 보고 하나님을 이해합니다. 믿는 자들이 서로 사랑하고

도와주고 용서하면 하나님도 그런 분일 거라고 이해하지만 서로 싸우고

시기하고 포악하면 하나님도 그런 분일 거라고 이해합니다.

성도는 하나님을 보여 주는 거울입니다.

성도는 하나님을 알지 못하는 불신자에게 하나님을 보여 주는 샘플입니다.

이같이 너희 빛을 사람 앞에 비취게 하여 저희로 너희 착한 행실을
보고 하늘에 계신 너희 아버지께 영광을 돌리게 하라(마 5:16)

일어나라 빛을 발하라

그리스도인은 앉아 있으면 안됩니다. 일어나야 합니다.

그리스도인은 어둠 속에 같이 헤매이면 안됩니다. 어둠을 밝혀야 합니다.

기독교는 수양의 종교가 아닙니다. 산으로 들어가는 종교가 아닙니다.

명상만 하는 종교가 아닙니다. 세상 속으로 뛰어드는 종교입니다.

서울의 거리는 밝습니다. 그 어느 때보다 밝습니다. 그러나 영혼들은

어둡습니다. 그 어느 때보다 어둡습니다. 청소년들의 환경은 밝습니다.

시력을 보호하는 자연광 스탠드가 밝혀주고, 유능한 선생님들로부터 교육도

받습니다. 운동화도 10만원대의 고가품을 신고 개인용 컴퓨터도 있습니다.

그러나 청소년들의 마음은 어둡기만 하고 그들의 장래도 어둡기만 합니다.

하나님이 없는 어른들, 예수를 모르는 청소년들,

그들은 모두 어둠 속에서 길을 잃고 헤매고 있습니다.

그러기에 일어나야 합니다.

그러기에 빛을 발해야 합니다.

그리스도인은 세상의 빛입니다.

일어나라 빛을 발하라 이는 네 빛이 이르렀고 여호와의 영광이 네
위에 임하였음이니라(사 60:1)

∘순∘종∘의∘열∘매∘Ⅰ∘

시험에 들지 않게 깨어 있어 기도하라

시험은 잠자는 자를 좋아합니다. 마귀는 잠자는 자를 보면 침을 흘립니다.

참새는 아주 작지만 잡을 수 없습니다. 불과 몇 미터 밖에서 곡식을 쪼고

있어도 도저히 잡을 수 없습니다. 돌을 던져도 잘 맞지 않습니다.

가을이 되면 고향집 탱자나무 울타리에 참새 떼가 날아와 앉습니다. 줄잡아

1,000마리도 넘을 것 같습니다. 참새와 참새가 서로 붙어 있을 정도로

울타리 위에 빽빽이 날아와 앉습니다. 돌팔매라면 다윗 다음갈 정도로 잘

던지는 제가 돌을 던집니다. 눈을 감고 대충 던져도 그 많은 참새 중 한

마리는 맞아떨어질 것 같은데 그렇지 않습니다.

그렇게 해서 잡은 참새는 한 마리도 없습니다.

그러나 방법이 있습니다. 밤이 되기를 기다립니다. 밤이 되면 참새들은

초가집 추녀 속에 집을 짓고 잠을 잡니다.

손전등을 비추면 날아갈 생각도 못하고 눈만 멀뚱거립니다. 다음날 그

참새는 숯불 위에 올라갑니다.

성도는 깨어 있어야 합니다. 깨어 있는 한 그 어떤 마귀의 돌팔매질에도

벗어날 수 있습니다.

시험에 들지 않게 깨어 있어 기도하라 마음에는 원이로되 육신이
약하도다 하시고(마 26:41)

·복(福)·이·되·는·일·

내가 지시할 땅으로 가라

목적지를 모르고 떠나는 여행은 없습니다. 계획 없이 하는 이사도 없습니다.

TV 연속극에서 사업도 실패하고 가정생활도 실패한 어느 가장을

보았습니다. 회사로 갈 수도 없고, 집으로 들어갈 수도 없습니다. 친구도 다

떠났고, 주머니의 돈도 떠났습니다. 갈 곳 없는 40대의 초라한 모습 앞에

택시 한 대가 멈춰 섭니다. 돈도 없으면서 무작정 올라탄 승객에게 기사는

친절히 묻습니다.

"손님 어디로 모실까요?" 대답할 말이 없는 승객은 한숨 섞인 소리로

말합니다. "아무 데로나 갑시다."

영적으로 길을 잃은 사람들이 많습니다. 인생이라는 택시를 타고 가야할 곳을

몰라 오늘은 단란주점으로 내일은 노래방으로 헤매는 승객들이 많습니다.

아브라함도 목적지를 모르고 떠난 것은 같습니다. 지시한 땅이 아니라 지시할

땅을 바라보고 떠났습니다. 그러나 믿음이라는 낙타를 타고 떠났습니다.

그리스도인이 다른 점이 무엇입니까?

하나님을 전적으로 신뢰하는 믿음으로 떠나는 것입니다.

여호와께서 아브람에게 이르시되 너는 너의 본토 친척 아비집을 떠
나 내가 네게 지시할 땅으로 가라(창 12:1)

공평한 저울과 공평한 추를 사용하라

얼마 전에 어느 정육점이 저울추를 조작하여 부당 이득을 얻었다는 뉴스가 있었습니다. 택시 미터기를 조작하여 실제 거리보다 더 돌아가게 해서 적발된 경우도 있습니다. 주유소에서 좋지 않은 기름을 섞어 팔아 이득을 올렸다는 기사도 있었습니다.

소에 물을 먹여 무게를 더 나오게도 하고 고춧가루에 물감을 들이기도 합니다. 자기가 먹는 것은 물감들이지 않은 정품을 먹고 팔 때는 불량품을 내놓습니다.

어느 딸기 농장에서 있었던 이야기입니다. 주말을 맞아 많은 행락객들이 딸기 농장에 들러 딸기를 맛있게 먹고 있었습니다. 그 때 농장 주인의 어린 딸이 딸기를 몇 개 따서 먹었습니다. 이를 본 아버지가 딸의 딸기를 낚아채 빼앗고는 호통을 쳤습니다.

"너 미쳤냐? 죽고 싶어 환장했냐?"

공평합시다. 공평한 저울, 공평한 위생, 공평한 삶이 되십시다.

> 공평한 저울과 공평한 추와 공평한 에바와 공평한 힌을 사용하라
> 나는 너희를 인도하여 애굽땅에서 나오게 한 너희 하나님 여호와니
> 라(레 19:36)

∘복(福)∙이∙되∙는∙일∘

이웃을 기쁘게 하되 선을 이루고 덕을 세우라

이웃은 집밖의 가정이라고 할 수 있습니다. 이웃과 좋은 관계를 맺으면 행복합니다. 이웃과 으르렁거리며 산다고 생각해 보십시오. 사는 것이 지긋지긋할 것입니다. 만나지 않으려 해도 이웃이니 맞닥뜨리지 않을 수 없습니다.

고향집은 이웃과 돌담을 쌓고 있었습니다. 그러나 그 돌담은 그리 높지 않습니다. 어른들은 서로 얼굴이 보일 정도입니다. 이 돌담은 배드민턴 경기장 같습니다. 우리 집에서 감자가 넘어가면 고구마가 넘어옵니다. 옥수수가 넘어가면 참외가 넘어옵니다. 넘어가고 넘어오고 하는 가운데 정도 오고갑니다. 이웃은 반드시 우리와 담을 마주하거나 가까이 있는 집만은 아닙니다. 이웃의 범위를 넓혀나가면 일본도 이웃이요, 중국도 이웃이 될 수 있습니다. 세계가 이웃이 될 수도 있습니다. 올림픽은 이웃이 모여 잔치하는 한마당 잔치자리라 할 수 있습니다.
이웃을 기쁘게 하고, 선을 이루고, 덕을 세우는 일, 하나님께서 원하시는 일입니다.

> 우리 각 사람이 이웃을 기쁘게 하되 선을 이루고 덕을 세우도록 할
> 지니라(롬 15:2)

여호와 경외하기를 항상 배우라

사람은 일평생 배우며 삽니다. 학교에서만 배우는 것은 아닙니다.

가정에서도 배우고 삶의 현장에서도 배웁니다.

나이가 들어도 배웁니다. 학문은 배우지 않지만 인생을 배웁니다.

사람은 자기가 배운 것을 가지고 자기 자신과 가족을 위해 사용하기도 하고

나아가서는 사회와 국가를 위해 쓰임 받기도 합니다.

축구를 배워 시원한 골을 보여주기도 하고, 노래를 배워 많은 사람을 즐겁게

해주기도 합니다. 법률을 배워 변호해 주기도 하고 건축을 배워 쾌적한

주택을 설계하기도 합니다.

그러나 가장 중요한 배움이 있습니다.

여호와 하나님을 경외하는 것을 항상 배우라고 하셨습니다.

사장님을 모시는 비서는 어떻게 모셔야 사장님이 회사 일을 잘하실까를

연구하고 배워야 합니다. 대통령을 모시는 분들도 모시는 방법을 잘 배워야

훌륭한 비서관이라 할 수 있습니다.

하나님을 잘 경외하는 것을 배우는 것이야말로 최고의 배움입니다.

네 하나님 여호와 경외하기를 항상 배울 것이니라.(신 14:23)

﹒복(福)﹒이﹒되﹒는﹒일﹒

육체의 정욕을 제어하라

어떤 기계이든지 제동장치가 중요합니다. 제동장치에 문제가 생기면
대형사고로 이어집니다.

거리를 질주하는 자동차의 브레이크가 고장이 났다고 상상해 보십시오
그야말로 큰일입니다.

긴긴 여행을 끝내고 활주로로 내려선 비행기의 제동장치가 고장났다면.
10시간 넘게 안전하게 날아온 모든 것이 허사로 돌아갑니다.

쇠를 자르는 기계에 아차 실수로 손가락이 끌려 들어갑니다. 긴급하게
제동스위치를 눌렀는데 고장이 났다고 생각해 보십시오 상상만 해도
식은땀이 흐를 정도입니다.

인간이라는 기계도 제어장치를 잘 점검해야 합니다. 인간이라는 기계에
가장 빈번하게 발생하는 재해는 육체의 정욕이라는 바이러스입니다.
이 바이러스는 조금만 틈을 주어도 뚫고 들어와 기계를 망가뜨립니다.
"닦고 조이고 기름치자"라는 표어가 있듯이 언제나 육체의 정욕을 제어하는
훈련을 해야 할 것입니다.

사랑하는 자들아 나그네와 행인 같은 너희를 권하노니 영혼을 거스
려 싸우는 육체의 정욕을 제어하라(벧전 2:11)

○순○종○의○열○매○1○

잠자는 자여 깨어서 죽은 자들 가운데서 일어나라

육신의 잠은 귀합니다. 자야 합니다. 잠 못 이루는 것보다 더 큰 괴로움은
없습니다. 가장 무서운 고문은 잠을 못 자게 하는 것이라고 합니다. 맞아도
견디고 손톱을 뽑혀도 참아내는데 잠을 못 자게 하는 데는 견뎌 내지를
못한다고 합니다.

그러나 잠을 너무 많이 자면 가난이 어느 새 옆에와 앉아 있습니다.

한 집안이 잠이 많으면 집이 가난하고 국가가 잠이 많으면 국가가 허덕이게
됩니다.

그렇지만 가장 무서운 잠이 있습니다. 이 잠을 자면 영육이 망합니다.
바로 세상에 빠진 잠입니다. 음행의 잠, 탐욕의 잠, 어리석은 말의 잠, 우상
숭배의 잠, 불신의 잠, 쾌락의 잠입니다. 세상의 잠을 자면 모든 것을
빼앗겨도 깨닫지 못합니다. 행복을 앗아가고, 건강을 뺏어가고, 천국을
가져가고 영생을 도둑맞아도 알지 못합니다.

하나님은 애타게 말씀하십니다.

잠자는 자여 깨어서 죽은 자들 가운데서 일어나라

그러므로 이르시기를 잠자는 자여 깨어서 죽은 자들 가운데서 일어
나라 그리스도께서 네게 비취시리라 하셨느니라(엡 5:14)

•복(福)•이•되•는•일•

눈을 들어 사면을 보라

하나님의 백성들은 멀리 바라보아야 합니다. 어느 한 곳에 치우치지 않고 넓고 멀리 바라보아야 합니다. 하나님은 좁은 분이 아니십니다. 우주의 주인이십니다. 끝없이 넓고 한없이 깊으신 분이십니다. 그렇기 때문에 하나님의 자녀는 멀리보고 깊이 보아야 합니다.

언덕을 떠나야 합니다. 언덕을 떠나 푸른 바다로 나가야 합니다.
현실 안주의 언덕, 두려움의 언덕, 불신의 언덕을 떠나야 합니다.

그리스도인은 높이 올라야 합니다.
밑에서 시기하고, 다투고, 아옹다옹하지 말고 높이 올라야 합니다.
높이 올라가 사면을 바라보아야 합니다.
때로는 높은 산에 올라 소리쳐야 합니다. "하나님, 나 여기 있어요"
높이 올라서야 많은 것이 보입니다. 멀리까지 보입니다. 해야 할 일이 많아집니다. 일어나 빛을 발하게 됩니다.
이제 영적인 눈을 들어 사면을 바라보십시오 그리고 나아가십시오

네 눈을 들어 사면을 보라 무리가 다 모여 네게로 오느니래(사 60:4)

ㅇ순ㆍ종ㆍ의ㆍ열ㆍ매ㆍⅠㆍ

배우고 받고 듣고 본 바를 행하라

군대를 갔다온 분은 군대 애기를 합니다. 입에서 침이 튈 정도로
흥분합니다. 고생은 자기 혼자 한 것 같고, 간첩도 자기 혼자 다 잡은 양
무용담을 늘어놓습니다. 배우고, 듣고, 본 바를 열성적으로 말하는 것입니다.
해외여행을 다녀온 분을 만나면 이분도 그냥 있지를 못합니다.
어디는 어떻고, 건물은 어떻고, 사람의 생김새와 풍습은 어떻고 해가며
시간가는 줄 모르고 털어놓습니다.

우리는 배운 것이 많습니다. 인내를 배웠습니다. 겸손을 배웠습니다.
받은 것이 많습니다. 사랑을 받고, 구원을 받았습니다. 들은 것이 많습니다.
예수 그리스도에 대해 들었고, 믿음의 선진들의 삶에 대해 들었습니다. 본
것이 많습니다. 나를 구원하시기 위한 희생을 보았고, 처절한 십자가를
보았습니다.
그러면 이렇게 배운 것, 받은 것, 들은 것, 본 것을 본받아 행하라
하셨습니다.
"너희는 가서 그리하라"고 당부하십니다.

너희는 내게 배우고 받고 듣고 본 바를 행하라 그리하면 평강의 하
나님이 너희와 함께 계시리래(빌 4:9)

•복(福)•이•되•는•일•

돌아보거나 들에 머무르거나 하지 말고
산으로 도망하라

뒤돌아보고 싶은 욕망이 사람에게 있습니다. 어떻게 됐을까? 라는 궁금증이
돌아보게 하는 원인이 됩니다.

옛 사람을 벗어버리고 새 사람을 입은 성도들도 조금만 시험이 닥쳐도
옛날의 삶을 뒤돌아보려고 합니다.

그러면 안됩니다. 옛날로 되돌아가기 쉽습니다.

애굽을 떠난 사람은 애굽을 뒤돌아보면 안됩니다. 소돔을 떠난 백성은
소돔을 뒤돌아보면 안됩니다. 세상 쾌락을 떠난 성도는 세상을 뒤돌아보면
안됩니다. 술과 담배를 떠난 성도도 어렵다고 옛날을 뒤돌아보면 안됩니다.
죄악의 도성을 떠난 사람은 죄악의 도성 부근에서 머물러서도 안됩니다.

멀리 떨어져야 합니다. 그래야 뒤돌아가지 않습니다. 멀리 떠나 산으로
도망하듯 죄악을 멀리 떠나 구원의 산이 되는 교회로 들어와야 합니다.
영원한 산성이 되시는 예수의 품으로 들어가야 합니다.

돌아보거나 들에 머무르거나 하지 말고 산으로 도망하여 멸망함을
면하래(창 19:17)

까다로운 주인에게도 순복하라

참 어려운 명령입니다. 쉽지 않은 일입니다. 까다롭고, 무지하고, 일방적이고,
나를 괴롭히는 주인에게 순복하는 일이 쉬운 것은 아닙니다. 물론 주인이
가지고 있는 권위 때문에 마지못해 싫지만 따르는 일이야 하겠지요
치사하고 때려치우고 싶지만 생계가 달려 있으니 억지로 따르는 사람도
있을 것입니다.
그러나 이러한 순복은 성경이 말씀하시는 순복은 아니라고 생각합니다.
욕을 하면서도 할 수 없어 순복하고, 불평하면서도 어쩔 수 없어 순복하는
것도 아닐 것입니다.

까다롭지만 이해하고, 일방적이지만 받아들이고, 마구잡이지만 그를 위해
성심껏 따르고 일하여 그에게 그리스도인의 모습을 보여주는 것이 진정한
순복이겠지요
"너희 빛을 사람 앞에 비취게 하여 저희로 너희 착한 행실을 보고 하늘에
계신 너희 아버지께 영광을 돌리게 하라"하신 말씀대로 순복함이
하나님께서 원하시는 순복이겠지요

사환들아 범사에 두려워함으로 주인들에게 순복하되 선하고 관용하는
자들에게만 아니라 또한 까다로운 자들에게도 그리하라(벧전 2:18)

∘복(福)∘이∘되∘는∘일∘

곤란한 형제나 궁핍한 이웃에게 손을 펴라

오랜만에 고향엘 내려갔습니다. 예전에 아버님과 좋게 지내셨던 친척 분이
시골에서 농장을 하시는데 한번 내려오라는 말씀을 하셔서 그분 형제들과
함께 내려갔습니다. 앞에는 시냇물이 흐르고 농장에는 돼지도 많고 닭도
토끼도 있어 옛날이 추억되는 뜻깊은 시간을 보냈습니다.

농장에 계신 분들은 참 좋은 분들이십니다. 천사들이 모여서 농장을 하고
있구나 하는 생각이 들 정도로 마음이 곱고 신앙이 좋으신 분들이십니다.
이분들의 삶은 곧 손을 펴는 삶입니다. 남을 돕는 삶이었습니다.

나눠주기를 좋아하고 베푸는 삶이었습니다. 물론 이분들이 남보다 더
풍족하고 여유 있어 베푸는 것은 아닙니다. 형제분 중에 한 분 말씀대로
없으면서도 주는 은사가 있어서 인지 항상 밝고 누구든지 보면 더 주고
싶어하는 마음을 갖고 있었습니다.

어려운 사람들을 데려다가 먹이고 입히며 이웃에게 언제나 손을 펴는
그분들의 손길을 기억해 봅니다.

어려운 사람들 앞에서 손을 오그릴 때가 많은 자신을 뒤돌아보며 그분들의
얼굴을 떠올려 봅니다.

땅에는 언제든지 가난한 자가 그치지 아니하겠으므로 내가 네게 명
하여 이르노니 너는 반드시 네 경내 네 형제의 곤란한 자와 궁핍한
자에게 네 손을 펼지니래(신 15:11)

먼저 형제와 화목하고 그 후에 예물을 드리라

무슨 일에나 순서가 있습니다. 먼저 해야 할 일이 있고 나중에 해야 할 일이 있습니다. 테니스를 처음 배울 때 코치가 자세에 대해 연습을 많이 시켰습니다. 빨리 공을 치고 싶은데 공은 쳐주지 않고 몇 일을 자세 연습만 반복했습니다. 불평을 했더니 자세를 바로 하지 않고 공을 치면 우선은 재미있을지 모르나 실력이 전혀 늘지 않는다고 하면서 자세 연습만 계속 시키는 것이었습니다. 지금 생각하니 참 좋은 코치를 만났다고 생각합니다.

형제가 있었습니다. 이들은 명절이 되면 부모님을 찾아 뵙고 인사를 드리곤 했습니다. 그런데 이 형제는 부모님 앞에 모이기만 하면 서로 헐뜯고 싸움을 했습니다. 자신들은 서로 옳다고 생각하고 서로 부모님을 더 잘 모신다고 생각했으나 부모님의 마음은 아프기만 했습니다. 모두가 우선 순위를 몰랐기 때문입니다.

보이는 형제를 사랑하지 못하는 자가 어찌 보이지 않으시는 하나님을 사랑할 수 있냐고 반문하십니다.

먼저 형제와 화목하고 내게 나오라는 하나님의 말씀에 연약한 자신을 비춰봅니다.

예물을 제단 앞에 두고 먼저 가서 형제와 화목하고 그 후에 와서
예물을 드리래(마 5:24)

자랑하는 자는 여호와를 아는 것을 자랑하라

사람에게는 자랑하고 싶어하는 마음이 있습니다. 이것이 나쁜 것만은
아닙니다. 좋은 자랑도 많기 때문입니다.

또 자랑하는 마음이 있어야 열심도 생기게 됩니다. 그렇지만 사람이 하는
대부분의 자랑은 이기적이고 세상적이기 쉽습니다. 그러기에 자랑하고 싶은
마음이 생기면 한 번 생각해 보고 자랑해야 합니다.

지식을 자랑하기 쉽고, 부를 자랑하기 쉽습니다. 권력을 자랑하기 쉽고,
명예를 자랑하기 쉽습니다. 이런 것들을 직접적으로 자랑하기도 하고
때로는 은근히 간접적인 방법을 통해서도 사람은 자랑하고 싶어합니다.

그러나 이런 것은 자랑하지 말라고 했습니다. 세상 것은 언제 떠나갈지
모르기 때문입니다. 어린아이가 길에서 주은 장난감 하나를 자랑하듯이
인간이 얻은 것은 하나님께서 보실 때 아무것도 아니기 때문입니다.

가장 좋은 자랑을 성경은 가르치고 있습니다.

하나님을 아는 것이 가장 큰 재산이요 지식입니다.

모든 것을 주시는 하나님을 아는 것! 그것을 자랑함이 인간의 본분입니다.

> 자랑하는 자는 이것으로 자랑하지니 곧 명철하여 나를 아는 것과
> 나 여호와는 인애와 공평과 정직을 땅에 행하는 자인 줄 깨닫는 것
> 이라(렘 9:24)

내가 너희에게 분부한 모든 것을 가르쳐 지키게 하라

작은 단체라 할지라도 10년, 20년 해산되지 않고 이어져 내려왔다면 어떤
힘이 있었을 것입니다. 전통을 이어왔고, 사상을 이어왔고, 특징을 이어온
힘이 있었기에 세월이 흐르고 사람은 바뀌어도 이어져 온 것입니다.
선배는 떠나면서 후배에게 가르치고 후배는 그 가르침을 간직하여 또
아래로 이어주었기에 작은 단체라 할지라도 맥을 잇는 것입니다.
그러나 아무리 크게 시작했다 하더라도 가르치고 이어주는 역할이
사라지면 그 모임은 당대에 사라져버리고 말 것입니다.
하나님의 나라는 거룩한 나라입니다. 가장 귀하고 강한 나라입니다.
이 하나님의 나라를 이 땅에 확장시키는 사역을 예수님께서는 우리에게
분부하셨습니다.
이것은 우리의 힘이 아닌 성령의 도우심으로 할 수 있는 일입니다.
사도들은 성령의 도우심으로 교회를 세우고 후대에 이어주었고 또 주의
종들을 통해 오늘날까지 이어주셨습니다.
예수님께서 분부하신 모든 것을 가르치고 지키게 하는 일!
가장 귀하고 복된 일입니다.

내가 너희에게 분부한 모든 것을 가르쳐 지키게 하라 볼지어다 내
가 세상 끝날까지 너희와 항상 함께 있으리라 하시니래(마 28:20)

∘복(福)∘이∘되∘는∘일∘

자식을 몰렉에게 주는 자는 반드시 죽이라

하나님은 사랑이 한이 없으십니다. 인자와 긍휼이 풍성하신 분이십니다.

그러나 무섭도록 단호하실 때가 있으십니다. 우상을 섬기는 일, 우상에게

자신을 드리던지, 자기 자식을 드리던지 용납치 않으셨습니다.

반드시 죽이라고 명령하십니다.

남편이 아내의 부정을 보고 허용하지 않듯이 하나님께서는 우상을 섬기는

일을 허용치 않으십니다. 사랑하면 사랑할수록 상대방의 부정은 용납할 수

없는 것입니다.

그러나 오늘날은 많이 무디어졌습니다. 예전처럼 당장 돌로 쳐죽이는

형벌이 없어서인지 많은 사람들이 길을 잃고 있습니다. 점쟁이가 수만 명에

이르고, 대학생도 점을 치고, 부적을 부치고, 점술가를 알리는 광고물이

어디에나 나붙어도 단속도 제재도 없는 세상이 되고 말았습니다.

그러나 분명한 것은 오늘도 하나님께서는 심판하고 계시다는 것입니다.

단지 집행만 얼마간 유보되어 있을 뿐. 무서운 지옥불의 심판은 어김없이

이루어지고 있습니다. 돌아오십시오 하나님의 품으로 돌아오십시오

너는 이스라엘 자손에게 또 이르라 무릇 그가 이스라엘 자손이든지
이스라엘에 우거하는 타국인이든지 그 자식을 몰렉에게 주거든 반
드시 죽이되 그 지방 사람이 돌로 칠 것이요(레 20:2)

나를 사랑한다면 내 계명을 지키라

부인을 사랑하는 남편은 바람피우지 않습니다. 부모를 사랑하는 아들은 부모를 속이거나 아버지의 주머니를 뒤지지 않습니다. 회사를 사랑하는 직원은 회사의 비품을 아끼고 보호합니다. 나라를 사랑하는 국민은 법을 지키고 자연을 보호합니다.

부인을 사랑한다 하면서 퇴근길에 다른 곳을 다녀오고, 부모를 사랑한다 하면서 거짓말하고 엉뚱한 일을 한다면 진정으로 사랑한다고 할 수 없습니다.

회사를 사랑한다고 하면서 낭비하고, 나라를 사랑한다고 하면서 작은 교통 법규하나 지키지 않고, 쓰레기를 아무 데나 버리고, 폐수를 방류하고 자연을 훼손한다면 나라를 사랑하는 사람이 아닙니다.

예수님을 사랑하는 사람은 계명을 지켜야 합니다.

사랑하라는 계명, 용서하라는 계명, 희생하라는 계명, 충성하라는 계명들을 지켜야 합니다.

예수님은 나를 위해 모든 것을 아낌없이 주셨습니다. 그러므로 우리는 예수님의 계명을 기쁨으로 지켜야 할 것입니다.

너희가 나를 사랑하면 나의 계명을 지키리래(요 14:15)

•복(福)•이•되•는•일•

애굽에서 종 되었던 것과 하나님께서 건지셨음을 기억하라

우리는 미래 지향적이어야 합니다. 희망에 가득 찬 내일을 바라보며 앞으로
나가야 합니다. 그러나 그 가운데서도 잊지 말아야 할 중요한 일이
있습니다. 바로 오늘의 내가 있기까지의 일을 가끔은 되돌아보는 일입니다.
오늘의 내가 이루어지게 된 뿌리를 찾아보고 그 일을 기억하며 나를 다시
한 번 추스려야 합니다.

브레이크가 파열된 자동차가 대형사고를 일으키듯이 나를 되돌아보지
못하는 인생의 자동차도 대형사고의 위험이 큽니다.

어려웠던 시절, 고난의 세월, 나를 도와주신 따뜻한 손길들, 눈물을
닦아주신 분들을 기억해야 합니다.

오늘 좀 살기 좋아졌다고 어제의 고난을 잊고 방종하는 삶, 나를 일으켜
세운 손길을 어느 새 잊어버리고 무심하게 사는 삶에서 깨어나야 합니다.

이스라엘은 애굽의 고통을 잊었습니다. 그 고통에서 신음하던 자신을
건져내신 하나님을 잊었습니다. 우상을 섬기며 방종한 삶을 살았습니다.

나도 지금 잊고 살지는 않을까요? 어제를 한 번 되돌아보고 오늘의 나를
추스려야 하지 않을까요?

너는 애굽땅에서 종 되었던 것과 네 하나님 여호와께서 너를 속하
셨음을 기억하라(신 15:15)

° 순 • 종 • 의 • 열 • 매 • I °

주안에서 수고한 자들에게 문안하라

힘든 일을 같이 한 분들은 잊을 수가 없습니다.

행복한 시절에 만나 가까이 지냈던 친구보다는 어려웠던 시절 같이 굶고 같이 고생했던 친구가 더 그립습니다.

지금은 미국으로 떠나보낸 친구가 있습니다. 어려웠던 학창시절에 만나서 라면 세 끼로 끼니를 때우면서도 웃음을 잃지 않았던 친구가 있습니다. 다방 한 번 못 가보고 빵집 한 번 제대로 들어가 보지 못했지만 그것이 가난인지 몰랐습니다. 맨발만 아니면 고마워했고, 그저 공 하나만 있으면 어두워질 때까지 운동장을 떠나지 않았습니다. 가난이 부끄러운 것도 아니고 불편한 것도 아니라는 교훈을 그 친구로부터 배웠습니다.

10년을 넘게 전도해도 바위처럼 움직일 줄 모르더니 몇 해 전에 예수를 믿게 되었고 이제는 주의 종의 길을 걷고 있습니다.

주안에서 같이 수고했던 분들을 기억해 보십시오

지금도 같이 수고하고 있는 분들을 생각해 보십시오

그리고 주안에서 따뜻한 문안을 드려보십시오

겨울도 춥지 않을 것입니다.

너희가 그리스도 예수 안에서 나의 동역자들인 브리스가와 아굴라
에게 문안하라(롬 16:3~16)

• 복(福) • 이 • 되 • 는 • 일 •

손바닥을 치고 즐거운 소리로 하나님께 외치라

가장 기뻐해야 할 일이 있습니다. 그 무엇과도 비교할 수 없는 영광스러운 일이 있습니다. 바로 여호와께서 우리 하나님이 되신 일입니다. 그러므로 우리는 이 기쁨과 감격을 묻어두지 말고 적극적으로 표현해야 합니다. 자녀가 부모 앞에서 재롱을 부리며 기뻐 노래하듯이 하나님의 자녀도 기뻐 외쳐야 합니다.

시편 47편은 이렇게 노래하고 있습니다.

"너희 만민들아 손바닥을 치고 즐거운 소리로 하나님께 외칠지어다.

지존하신 여호와는 엄위하시고 온 땅에 큰 임군이 되심이로다.

여호와께서 만민을 우리에게 열방을 우리 발아래 복종케 하시며 우리를 위하여 기업을 택하시나니 곧 사랑하신 야곱의 영화로다.

하나님이 즐거이 부르는 중에 올라가심이여 여호와께서 나팔소리 중에 올라가시도다.

찬양하라 하나님을 찬양하라.

찬양하라 우리 왕을 찬양하라.

하나님은 온 땅에 왕이심이라 지혜의 시로 찬양할 지어다.

하나님이 열방을 치리하시며 하나님이 그 거룩한 보좌에 앉으셨도다."

너희 만민들아 손바닥을 치고 즐거운 소리로 하나님께 외칠지어다(시 47:1)

주의 뜻이 무엇인가 이해하라

선수는 감독의 뜻을 이해해야 합니다. 제멋대로 하면 자신도 망치고 팀도 망칩니다. 비서는 사장님의 뜻을 이해해야 합니다. 잘못 이해하여 전달하면 회사가 위기에 빠집니다.

성도는 하나님의 뜻을, 주께서 무엇을 요구하시는지 바로 이해해야 합니다. 그래야 자신도 구원에 이르고 남을 유익하게 하고 하나님께 영광이 됩니다.

선수가 감독의 뜻을 잘 이해하려면 시선을 감독에게 맞춰야 합니다. 감독의 사인을 언제나 익히고 이해하고 있어야 합니다. 비슷비슷한 사인에 대한 구별을 할 수 있어야 합니다.

성도는 하나님께 시선을 맞추어야 합니다. 세상에 시선을 맞추면 안됩니다. 하나님의 말씀을 언제나 읽어서 하나님의 사인을 익혀두고 문제가 발생할 때마다 하나님의 사인을 보고 해결해 나가야 합니다.

하나님께서는 인생의 경기장에 나가 처절한 싸움을 하는 성도들에게 언제나 벤치에서 사인을 보내십니다.

어려운 일에 부딪치셨습니까?

하늘 벤치에서 내려주시는 하나님의 사인을 보십시오

그러므로 어리석은 자가 되지 말고 오직 주의 뜻이 무엇인가 이해하라(엡 5:17)

•복(福)•이•되•는•일•

내 언약을 지키고 네 후손도 대대로 지키라

당대의 부자가 축복이 아닙니다. 자손 대대로 부요함이 이어져야

축복입니다. 재벌이 몇 대를 이어 부요함을 이어 내려온 경우는 많지

않습니다. 대부분이 당대로 끝나 버렸음을 봅니다.

명예가 대를 이어야 축복입니다.

하나님은 짧게 보시지 않으십니다. 하나님은 영원하신 분이십니다.

하나님은 길게 보십니다. 당대를 보시지 않고 후손에 후손을 이어

수 천대까지 내다보시며 계획하시고 복을 주십니다.

그러므로 성도는 조급하면 안됩니다. 조금 안된다고 포기해서도 안되고

조금 잘된다고 교만해서도 안됩니다. 마라톤 코스를 뛰듯이 삶의 페이스를

조절하며 뛰어야 합니다.

하나님께서는 아브라함에게 언약을 세우셨습니다. 당대로 끝나지 않는

영원한 언약입니다. 모세에게 내리신 언약도 자손만대의 언약입니다.

다윗과 맺은 언약도 영원한 언약입니다.

하나님께서 우리와 맺으신 언약도 영원하십니다. 그러므로 우리도

자손대대로 그 언약을 지켜나가야 합니다.

하나님이 또 아브라함에게 이르시되 그런즉 너는 내 언약을 지
키고 네 후손도 대대로 지키라(창 17:9)

철학과 헛된 속임수로 너희를 노략할까 주의하라

복음에 대항하는 세력이 만만치 않습니다. 여러 가지 사상도 있고 철학도

있습니다. 그럴듯한 논리로 복음에 도전해 옵니다.

복음에 굳게 서 있지 않으면 노략당하기 쉽습니다.

마귀는 빼앗아 가는 자입니다. 노략자요 약탈자입니다. 좋은 것을 노략해

가는 가장 악랄한 존재입니다.

이러한 속임수에 구원을 노략당하고 영생을 약탈당한 사람이 많습니다.

가룟 유다가 그랬습니다. 속임수에 넘어가 가장 귀한 사도의 직분도

노략당하고 천국도 노략당했습니다.

데마가 그랬습니다. 한때 바울의 친구이자 동역자로서 사역했으나 바울이

두 번째 투옥되었을 때 바울을 버리고 세상으로 가버렸습니다. 세상의 헛된

철학에 넘어간 것입니다.

오늘도 세상의 철학이 성도를 손짓합니다. 그럴듯한 속임수가 성도를

유혹합니다.

말씀에 굳게 서서 철학과 속임수를 분별하여 이겨나가야 합니다.

누가 철학과 헛된 속임수로 너희를 노략할까 주의하라 이것이 사람
의 유전과 세상의 초등 학문을 좇음이요 그리스도를 좇음이 아니
라(골 2:8)

•복(福)•이•되•는•일•

나를 찾으라 그리하면 살리라

추석 특집 TV 영화를 보았습니다. 세 조각으로 나누어진 보물지도를 서로
차지하려고 속이고, 죽이고, 온 마을을 쑥밭으로 만들면서 온갖 음모와
살인이 자행되었습니다. 결국 이 보물지도를 하나로 합쳐서 보물을
찾아내지만 또다시 배신과 처절한 싸움으로 피바다가 되어버리는 장면을
보았습니다.

우리네 삶의 한 단면을 보는 느낌이었습니다. 찾아보아야 결국 허탈함만이
가슴을 치는 헛된 세상 영광과 부귀를 찾으려고 오늘도 몸부림치는
현대인을 보는 느낌입니다.

보물지도를 사모하듯 지폐를 사모하고 바다 속에 깊이 잠겨버릴 금잔을
찾듯 물질을 찾아 세상깊이 잠수하는 모습들을 상상해 봅니다.

무엇을 찾기 위해 집을 나서시나요? 무엇을 얻기 위해 숨가쁘게
다니시나요? 무엇을 찾아서 만족을 얻으셨나요?

하나님을 찾아야 합니다. 오직 여기에 살 길이 있습니다.

오직 하나님께만 영육의 보화가 가득합니다.

여호와께서 이스라엘 족속에게 이르시기를 너희는 나를 찾으라 그
리하면 살리래(암 5:4)

두드릴 때 음성을 듣고 문을 열라

음악을 많이 듣습니다. 공부를 할 때도 클래식을 들으며 공부했고 이 글도 음악을 들으며 쓰고 있습니다. 공휴일을 맞아 집에 있을 때면 음악을 크게 틀어놓습니다. 그래야 속이 후련합니다. 오늘도 쉬는 날이라 모짜르트 속에 잠겨 있었습니다. 볼륨을 한껏 올리고 때론 지휘까지 하며 빠져 있었습니다. 얼마나 시간이 흘렀을까요? 잠시 다음 악장으로 넘어가는 순간 음악이 끊겼습니다. 이 때 초인종 소리가 울렸습니다. 아차! 집사람이 슈퍼에 갔다온다고 했지! 얼른 뛰어나가 문을 열었습니다. 그런데 집사람의 표정이 예사롭지 않았습니다. 토끼를 앞에 둔 호랑이의 모습이었습니다. 양손에 무거운 짐을 들고 몇 십분 동안 초인종을 눌렀던 것입니다. 모짜르트에 빠져있던 제가 초인종 소리를 전혀 듣지 못한 것입니다.

빠져 있으면 문 두드리는 소리를 듣지 못합니다.

세상에 빠지면 주님의 음성이 들리지 않습니다. 욕심에 빠지면 주님의 노크소리가 들리지 않습니다.

주님의 음성을 듣고 문을 여는 자만이 최고의 축복을 받습니다.

볼지어다 내가 문밖에 서서 두드리노니 누구든지 내 음성을 듣고 문
을 열면 내가 그에게로 들어가 그로 더불어 먹고 그는 나로 더불어
먹으리래(계 3:20)

∘복(福)∘이∘되∘는∘일∘

아무나 네 면류관을 빼앗지 못하게 하라

귀한 것은 빼앗기면 안됩니다. 쉽게 다시 얻을 수 있는 흔한 것이라면 빼앗긴대도 별것 아니겠지만 다시 얻기 어려운 귀한 것은 절대로 빼앗기면 안됩니다.

중학교 시절 불량배들을 가끔 만났습니다. 가난해서 가진 것이 없으니 빼앗길 돈은 없었지만 버스표는 빼앗기기도 했습니다. 그러나 그런 날은 걸어가면 그만입니다. 버스표 빼앗긴다고 죽는 것은 아니기 때문입니다. 덕분에 걷는데는 자신 있습니다. 그렇지만 등록금을 갖고 가는 날은 다릅니다. 시골 계신 부모님께서 땀흘려 보내주신 것이니 바짝 긴장하고 주위를 살피며 가다가 불량배가 보이기만 하면 죽을힘을 다해 뛰었습니다. 등록금은 제게 귀하기 때문입니다. 덕분에 달리는 데도 자신이 있습니다.

무엇을 움켜쥐고 살아가십니까? 이 세상에서 얻은 것은 빼앗겨도 괜찮습니다. 더 좋은 것으로 다시 얻을 수도 있기 때문입니다.

세상 것을 빼앗겼다고 낙심해서도 안됩니다. 절망해서도 안됩니다.

문제는 신령한 것입니다. 주님이 주신 것만 빼앗기지 않으면 우리는 모든 것을 지켜낸 것입니다.

내가 속히 임하리니 네가 가진 것을 굳게 잡아 아무나 네 면류관을
빼앗지 못하게 하라(계 3:11)

∘순∘종∘의∘열∘매∘ I ∘

남편들아 아내를 귀히 여기라

아담의 최초의 만남이 돕는 배필인 아내였습니다. 친구도 아니고 선후배도 아니고 선생님도 아니었습니다. 아담에게 가장 귀한 것이 아내라고 하나님께서는 생각하신 것입니다.

친구가 더 중요했다면 아담과 비슷한 친구를 하나 더 만들어 주셨을 테고, 선생님이 더 중요했다면 아담보다 나이가 조금 더 들고 지식도 더 많은 사람을 지으셔서 함께 하도록 하셨을 것입니다.

그러나 하나님께서는 아내를 지으셔서 서로 도우며 함께 살도록 하셨습니다. 아담도 어찌나 좋았던지 "이는 내 뼈 중의 뼈요 살 중의 살이로다"라고 뛸 듯이 기뻐했습니다.

이로 인해 인류는 번성했습니다. 오늘에까지 이르게 되었습니다.

세계 어느 나라 어느 민족을 막론하고 결혼이라는 예식을 통해 가정을 이루는 역사가 이어져 나오고 있습니다.

남편에게 있어서 가장 귀한 존재는 아내임에 틀림없습니다.

하나님께서 짝지어 주셨으니 귀한 것입니다.

"남편들아 아내를 귀히 여기라." 이 말씀은 하나님의 말씀입니다.

남편된 자들아 이와 같이 지식을 따라 너희 아내와 동거하고 저는
더 연약한 그릇이요 또 생명의 은혜를 유업으로 함께 받을 자로 알
아 귀히 여기라(벧전 3:7)

∘복(福)∙이∙되∙는∙일∘

너를 잡아간 성읍의 평안을 힘쓰고 위하여 여호와께 기도하라

"원수를 위하여 기도하라"고 하신 예수님의 말씀처럼 이 말씀도 언뜻 이해되지 않는 말씀입니다. 나를 사로잡아간 사람이 망하고 그 성읍에 어려움이 끊이지 않아야 그나마 속이 시원할 것 같은데 하나님의 명령은 오히려 원수의 성읍이 평안하기를 힘쓰고 위하여 기도하라고 하셨습니다. 호랑이에게 물려간 사람의 옛날 이야기가 있습니다. 정신을 차려보니 자기 외에도 양이나 소가 많이 잡혀와 있었습니다. 먹을 것이 많은 호랑이는 급하지 않았습니다. 가만히 누워 있었습니다. 그 틈을 이용하여 굴을 빠져 나와 생명을 건질 수 있었습니다. 호랑이가 배가 고픈 상태였다면 벌써 호랑이 밥이 되었을 것입니다.

원수의 성읍이 평안해야 포로도 평안하다는 말씀입니다. 원수에게 환난이 닥치고 어려움이 몰려오면 그 피해가 먼저 포로에게 닥친다는 것입니다. 사람에게는 때가 있습니다. 하나님께서 정하신 때를 기다려야지 내 뜻대로 저항하고 저주해서는 안 된다는 말씀입니다.

요셉은 때를 기다렸습니다. 팔려간 집에서 최선을 다했습니다. 다니엘도 그랬습니다. 포로의 땅에서 승리했습니다.

너희는 내가 사로잡혀 가게 한 그 성읍의 평안하기를 힘쓰고 위하여 여호와께 기도하라. 이는 그 성이 평안하므로 너희도 평안할 것임이니래(렘 29:7)

송사할 자를 만나거든 사화하라

맺힌 것은 푸는 것이 좋습니다. 인간관계는 풀어나가야 합니다. 자꾸 매듭을
만들어 가는 사람이 있습니다. 그런 사람과는 사귀지 말아야 합니다. 뱀의
특징은 칭칭 감는데 있습니다. 매듭을 만드는 사람은 뱀과 같은 사람입니다.
나팔꽃 몇 송이를 화분에 심었습니다. 몇 일이 지나자 싹이 나오고 제법
줄기를 뻗기 시작했습니다. 몇 일 후면 꽃을 보겠다는 기대에 물을 정성껏
주었습니다. 바쁜 일이 있어 나팔꽃에 몇 일 동안 관심을 갖지 못하다가
언뜻 생각이 나서 베란다로 나가 보았습니다. 지금쯤 보랏빛 꽃을
피웠으리라는 기대로 나가 보았으나 이게 웬일입니까? 줄기가 서로 얽히고
설켜서 꽃은 고사하고 아예 비틀어져 가고 있었습니다.
아예 땅에 털썩 주저앉아 얽힌 줄기를 풀어 주기 시작했습니다. 얼마나
심하게 뒤엉켰는지 어떤 줄기는 끊어지기도 했습니다. 한참만에 줄기를
풀어서는 막대기 하나를 한 줄기가 타고 올라가도록 일일이 길을 만들어
주었습니다. 지금 이 나팔꽃은 아침마다 보랏빛 꽃을 피워 활짝 웃고
있습니다. 서로 사화하십시오
하나님께서는 나와 사화하시러 그 아들을 희생시켰습니다.

너를 송사하는 자와 함께 길에 있을 때에 급히 사화하라 그 송사하
는 자가 너를 재판관에게 내어주고 재판관이 관예에게 내어주어 옥
에 가둘까 염려하라(마 5:25)

•복(福)•이•되•는•일•

벧엘로 올라가라

벧엘은 예루살렘에서 약 16Km 떨어진 위치에 있는 성읍입니다. 네 개의 샘이 좋은 물을 공급했고 믿음의 조상 아브라함도 이곳 가까이에서 희생을 하나님께 바치기도 한 곳입니다. 그러나 이 성읍 자체가 중요한 것이 아닙니다. "벧엘로 올라가라"고 하신 것은 벧엘이 살기 좋은 곳이어서도 아닙니다. 야곱은 에서의 노여움을 피해 도망하다 바로 이 벧엘에서 하나님을 만났습니다. 의지할 곳 없이 처량하게 도망하는 야곱에게 하나님께서 나타나셨습니다. 야곱은 베고 자던 돌을 취하여 단을 쌓고 하나님께 서원의 기도도 드렸습니다. 벧엘은 야곱에게 있어서 중요한 영적 장소입니다. 20여 년이 지난 지금 야곱은 엄청난 시련을 맞았습니다. 고향으로 돌아오던 중 딸 디나의 사건으로 세겜 사람들을 학살하고 여러 부족으로부터 온 가족이 몰살당할 수도 있는 위기에 처했습니다. 이 절망의 순간에 하나님께서는 또다시 야곱에게 나타나셨습니다.

벧엘로 올라가라는 것입니다. 벧엘은 하나님과 만나는 곳입니다. 벧엘은 회복하는 장소입니다. 우리도 벧엘로 올라가야 합니다. 현재의 내 위치가 하나님과 멀어져 있다면 빨리 벧엘로 올라가야 합니다.

하나님이 야곱에게 이르시되 일어나 벧엘로 올라가서 거기 거하며
네가 네 형 에서의 낯을 피하여 도망하던 때에 네게 나타났던 하나
님께 거기서 단을 쌓으라 하신지라(창 35:1)

회개하고 복음을 믿으라

예수님께서 사역을 시작하시면서 외치신 첫 말씀이 무엇일까요?

마태복음에서는 "회개하라 천국이 가까왔느니라"로 시작하셨고

마가복음에서는 "회개하고 복음을 믿으라"로 시작하셨습니다.

예수님의 사역을 증거 해주는 말씀입니다. 공통적인 것은 "회개하라"는

말씀입니다. 회개는 돌이키는 것입니다. 이 길을 걸어가다 이 길을 버리고

다른 길로 옮기는 것입니다. 세상 욕심을 위해 걷던 길을 하나님의 뜻에

맞는 길로 돌이키는 것입니다.

예수 없이 내 뜻대로 가던 길을 예수께서 인도하시는 진리의 길, 생명의

길로 돌이키는 것입니다. 마귀를 따라 지옥으로 내려가던 길을 예수

그리스도를 따라 천국으로 올라가는 것입니다.

지금 어떤 길을 걷고 계십니까? 내 곁에 예수가 계십니까?

생명의 길입니다. 지금 누구와 함께 인생길을 걷고 계십니까? 곁에

예수께서 계시지 않으십니까? 큰일입니다. 이것처럼 큰일은 없습니다. 빨리

예수님이 계시는 길로 돌이키십시오

예수를 통하지 않고 천국에 이르는 길은 어디에도 없습니다.

가라사대 때가 찼고 하나님 나라가 가까웠으니 회개하고 복음을 믿
으라 하시더래(막 1:15)

• 복(福) • 이 • 되 • 는 • 일 •

빛의 자녀들처럼 행하라

"왕대밭에 왕대가 나온다"는 속담이 있습니다. 왕대가 보통 대나무 밭에서는 좀처럼 나오기 힘들지만 왕대밭에서는 얼마든지 나온다는 뜻입니다. 어릴 적 네 잎 클로버가 행운을 준다고 하여 풀숲을 헤치고 다닌 일이 많습니다. 그런데 네 잎 클로버는 제가 가장 많이 찾았습니다. 클로버가 지천으로 깔려 있는 넓은 초원을 한나절 내내 뒤져도 하나를 찾기가 힘들지만 제가 알고 있는 곳에 가면 책상넓이보다 조금 넓은 담 밑에 클로버가 모여 있습니다. 이곳을 잠시 동안만 헤쳐보면 네 잎 클로버를 찾아낼 수 있었습니다. 무엇이나 있는 곳에 가야 그것이 있습니다. 왕대밭에 가야 왕대가 있고 네 잎 클로버가 기형적으로 많이 나는 곳에 가야 그것을 찾을 수 있듯이 빛이 있는 곳에 가야 빛을 발견할 수 있고 선한 행실이 많은 곳에 가야 나도 선한 행실을 할 수 있습니다.

우리는 본래 어둠의 자녀였습니다. 그러나 지금은 예수 그리스도로 말미암아 빛의 자녀가 되었습니다. 반딧불은 반딧불이기에 빛을 내고 전등은 전등이기에 빛을 내듯이 빛의 자녀는 빛의 자녀이기 때문에 빛을 발해야 합니다.

너희가 전에는 어두움이더니 이제는 주안에서 빛이라 빛의 자녀들
처럼 행하라(엡 5:8)

○순○종○의○열○매○ㅣ○

내 안에 거하라

어린아이가 엄마 품안에 있으면 안전합니다. 참 평안이 거기에 있습니다.
얼마 전에 KAL기가 괌에서 추락하는 안타까운 일이 있었고, 슬픔을
가누기도 전에 베트남 기가 추락하는 슬픈 일이 있었습니다. 이러한 참사
가운데서도 생존한 사람은 엄마 품속에 있었던 어린아이들이 많았습니다.
사랑하는 사람의 품안에 있는 일은 행복한 일입니다. 어려운 일이 생기면
나를 던져버리는 이기적인 품안이 아닌 어려움이 크고 위험이 클수록 나를
더욱더 깊은 품안으로 보호하는 분이 있다면 그것처럼 행복은 없습니다.
예수님은 나를 품에 안아주십니다. 내 안에 거하라고 말씀하십니다. 내게
닥치는 환란이 크면 클수록 내게 닥치는 슬픔이 크면 클수록 예수님의
보호와 위로는 커집니다.
수고하고 무거운 짐진 자들아 다 내게로 오라고 하신 예수님은 나뿐만
아니라 내가 지고 있는 무거운 짐까지도 맡아주십니다.
"주 예수 넓은 품에 나 편히 안기니 이 세상 악한 세력 나 해치 못하네.
슬픔과 근심 걱정 이후에 없으리니 시험이 닥쳐와도 나 염려 없겠네.
주 예수 넓은 품에 나 편히 안겨서 그 크신 사랑 안에 나 편히 쉬겠네."
(찬송가 476장)

내 안에 거하라 나도 너희 안에 거하리라 가지가 포도나무에 붙어
있지 아니하면 절로 과실을 맺을 수 없음 같이 너희도 내 안에 있
지 아니하면 그러하리래(요 15:4)

•복(福)•이•되•는•일•

마귀로 틈을 타지 못하게 하라

마귀의 특기 중 한 가지는 틈만 주면 비집고 들어오는 것입니다. 그릇에 조금만 금이 가도 물이 새듯이 마귀는 작은 틈도 잘 비집고 들어옵니다. 축구 감독이 수비수에게 언제나 상기시키는 말이 있습니다. 공은 놓쳐도 상대편 공격수는 놓치지 말라는 것입니다. 종종 공격수 한 명이 수비수 세 명의 틈바구니에서 슛을 날려 골인시키는 장면을 봅니다. 그 때마다 해설가는 이렇게 말합니다. 상대 공격수에게 틈을 주었다는 것입니다.

마귀는 공격수입니다.

마귀가 수비만 한다면 좋을 텐데 마귀는 막강한 실력을 갖춘 공격수입니다. 끊임없이 공격을 해옵니다. 중앙 돌파로 나를 직접 제치고 들어오기도 하고 측면 돌파로 교란시키기도 합니다. 유능한 공격수 한 명이 치고 들어오기도 하고 때로는 여러 명이 조직적으로 파고 들어오기도 합니다.

마귀의 공격을 막아내는 최선의 방법은 틈을 주지 않는 것입니다. 기도로 틈을 막고 말씀으로 무장하여 공격하면 마귀의 골문에 통쾌한 골인을 할 수 있습니다.

분을 내어도 죄를 짓지 말며 해가 지도록 분을 품지 말고 마귀로
틈을 타지 못하게 하라(엡 4:27)

교훈을 거스리고 분쟁을 일으키는 자에게서 떠나라

떠나야 할 곳에서는 미련 없이 떠날 수 있어야 합니다. 아브라함은
하나님께서 떠나라 할 때 떠나서 복을 받았습니다. 아브라함이 고향을
떠나지 않았다면 우상을 만들다 멸망했을 것입니다. 롯은 소돔과 고모라를
떠나서 유황불로부터 건짐 받았습니다. 이방 여인 룻은 모압을 떠났기에
축복의 여인이 되었습니다. 모세는 바로의 공주의 아들이라는 세상의
부귀영화를 떠났기에 위대한 지도자가 되었습니다. 요셉은 보디발의 아내의
손길을 떠났기에 패망의 구렁텅이에서 벗어나 위대한 인물이 되었습니다.
고라는 하나님의 종 모세를 대적했습니다. 하나님께서는 고라에게 속한
모든 족속을 멸하려 하셨습니다. 온유의 사람 모세는 하나님께 간구합니다.
"모든 육체의 생명의 하나님이여 한 사람이 범죄하였거늘 온 회중에게
진노하시나이까." 이 때에 살 길이 열립니다. "회중에게 명하여 이르기를
너희는 고라와 다단과 아비람의 장막 사면에서 떠나라 하라"
교훈을 거스리고 분쟁을 일으킨 고라의 무리에게서 떠난 사람들만
구원함을 받았습니다.
떠날 곳을 분별하는 지혜! 큰 지혜 중의 지혜입니다.

형제들아 내가 너희를 권하노니 너희 교훈을 거스려 분쟁을 일으키
고 거치게 하는 자들을 살피고 저희에게서 떠나라(롬 16:17)

∘복(福)∙이∙되∙는∙일∘

너는 내게 부르짖으라

현대인은 부르짖음에 약합니다. 부르짖는 것은 믿음 없는 사람이 하는 것이고 점잖은 고상한 인격적인 믿음을 가진 사람은 조용히 기도한다고 말하는 분이 있습니다.

하나님은 내 마음의 생각까지도 통촉하시는데 왜 시끄럽게 소리지르느냐고 말하기도 합니다. 너무 소리지르면 시끄러워서 오히려 하나님이 귀를 막으시니 더 안 들린다고 농담조로 말하기도 합니다. 물론 조용하고 깊은 기도, 묵상하는 기도도 필요하겠지요.

그러나 부르짖을 때는 부르짖어야 합니다. 내 문제가 심각하고, 내 죄가 태산같은데, 이럴 때 부르짖지 않으면 언제 부르짖습니까?

다윗은 부르짖은 사람입니다. 눈물로 부르짖고, 가슴 치며 부르짖었습니다. 다윗의 죄가 나보다 많아서일까요? 다윗이 나보다 부족한 것이 많아서일까요? 이런 다윗을 향해 하나님께서는 "너 왜 그리 점잖지 못하게 그렇게 기도하냐? 왕이면 왕의 체통이 있어야지. 이제부터는 왕답게 체통을 갖추고 기도해라" 하지 않으셨습니다.

조용하고 깊은 기도를 드리고 계시나요? 좋은 기도입니다. 그렇지만 부르짖을 때에는 부르짖기도 해야 합니다.

너는 내게 부르짖으라 내가 네게 응답하겠고 네가 알지 못하는 크고 비밀한 일을 네게 보이리라(렘 33:3)

◦순◦종◦의◦열◦매◦Ⅰ◦

성령의 충만을 받으라

사람은 무엇으로나 채워지게 되어져 있습니다. 성령으로 채워져 있지 않으면 악령이 와서 자리잡고 그 사람을 주장하게 됩니다.

병에 물이 채워지면 공기가 물러나가고, 물을 부어버리면 다시 공기가 채워지듯이 사람도 언제나 채워집니다.

시골에 폐가가 있습니다. 한 때 사람이 살았었는데 도시로 이사를 가고 새로 들어오는 사람이 없어 빈집으로 버려져 있습니다.

어릴 때 친구들과 숨바꼭질을 하다가 가끔 들어가 봅니다. 으스스합니다. 전설 따라 삼천리 같습니다. 도둑고양이가 야옹하고 뛰어나가고 거미줄이 이리저리 얽히고 온갖 벌레들이 기어다닙니다.

사람이 살 때에는 사람의 온기로 가득 차고, 가난했지만 웃음으로 가득 차고, 오고가는 이웃의 정으로 채워져 있었지만 사람이 떠난 후로는 으스스함과 거미줄이 온갖 벌레들로 가득 채워지고 말았습니다.

우리의 인격의 집에 누가 들어와 계셔야 할까요?

성령께서 충만히 함께 하시면 그곳이 바로 천국이요 성령이 떠나가시면 곧바로 지옥으로 변해버릴 것입니다.

성령 충만! 우리의 소망입니다.

술 취하지 말라 이는 방탕한 것이니 오직 성령의 충만을 받으라(엡 5:18)

· 복(福) · 이 · 되 · 는 · 일 ·

지팡이를 들고 손을 바다위로 내밀어 갈라지게 하라

앞에는 넘실거리는 홍해요, 뒤에는 세계 최강의 애굽 군대가 이스라엘을 삼키려고 흙먼지를 날리며 달려옵니다. 앞으로 갈 수도 없고 뒤로 돌이킬 수도 없는 절박한 순간! 하나님께서는 모세를 향해 말씀하십니다. 지팡이를 내밀어 바다로 갈라지게 하라!

오늘도 삶의 현장에서 홍해를 만나셨습니까? 걱정, 근심의 애굽 군대가 추격해오고 있습니까? 질병의 철병거가 추격해옵니까? 부도 위기의 바로가 공격해옵니까? 자녀 문제의 창검이 위협합니까? 앞은 해결이 전혀 보이지 않는 넘실거리는 홍해가 가로막고 있습니까?

이제 지팡이를 내밀 때입니다. 기도의 지팡이를 내밀어 문제의 홍해를 가를 때입니다. 모세의 지팡이에 능력을 주신 하나님은 기도로 꿇어앉은 무릎에 능력을 주십니다.

지팡이를 잃어버렸습니까? 찾아내십시오

걱정의 창고에 지팡이가 썩고 있지 않습니까? 의심의 골방에 지팡이가 팽개쳐 있지 않습니까?

달려가십시오 골방을 열어제치고 지팡이를 꺼내 홍해를 가르십시오

지팡이를 들어야 홍해는 갈라집니다.

지팡이를 들고 손을 바다위로 내밀어 그것으로 갈라지게 하라 이스
라엘 자손이 바다 가운데 육지로 행하리래(출 14:16)

위엣 것을 찾으라

어릴 때 시골에는 정말 먹을 것이 없었습니다. 엿장수 아저씨도 몇 일 만에 한 번 올 정도로 뜸했고 온다한들 엿과 바꾸어 먹을 물건이 없었습니다. 과자는 1년에 겨우 두 번, 추석과 설날에만 먹을 수 있었습니다.

저희 집에는 할머니가 계셨는데 눈깔사탕을 좋아하셨습니다. 둥글고 큰 사탕인데 굵은 덩어리 설탕이 겉에 발라져 있는 그야말로 꿈같은 사탕이었습니다. 아버지께서 읍내 장터에 가시면 이 눈깔사탕을 몇 개 사시고는 할머니 잡수시라고 높은 선반 위에 올려놓으시고 제게는 한 개만 주셨습니다. 그러면 얼마나 좋은 지요? 한 쪽 볼이 불룩하게 튀어나온 채로 달려나갑니다. 친구들은 제 볼을 보고는 부러워 어쩔 줄을 모릅니다. 인심쓴다고 한 번씩만 빨아먹게 한바퀴 돌고는 마치 왕이나 된 것처럼 좋아했던 기억이 새롭습니다.

안타깝게도 사탕은 입안에서 녹아버립니다. 그 때부터 저의 모든 관심은 위엣 것에 있습니다. 선반 위에 있는 눈깔사탕에게 제 어린 인생의 모든 관심이 집중됩니다.

예수는 위에 계십니다. 엄청난 보화로 위에 계십니다.

예수를 찾는 자가 모든 것을 찾은 자입니다.

> 그러므로 너희가 그리스도와 함께 다시 살리심을 받았으면 위엣 것을
> 찾으라 거기는 그리스도께서 하나님 우편에 앉아 계시느니라(골 3:1)

복음과 함께 고난을 받으라

훈련을 거치지 않고 군인이 되는 길은 없습니다. 고난의 학교를 졸업하지 않는 영광의 길은 없습니다. 십자가 없는 부활이 없듯이 고난을 통과하지 않고 귀한 것을 얻을 수는 없습니다.

프랑스 월드컵에 나가기 위해 아시아 지역 예선전이 열리고 있습니다. 월드컵에 출전할 수 있는 영광을 얻기 위해 선수들은 추석 연휴도 반납한 채 그라운드에서 땀을 흘리고 있었습니다.

복음은 귀한 것입니다. 세상의 어느 것보다 귀합니다. 프랑스 월드컵에 나가는 것보다 몇만 배 귀하고 월드컵에 나가 우승하는 것보다 비교할 수 없이 귀합니다.

복음에는 생명이 있습니다. 살리는 능력이 있습니다.

죄인을 의인으로 바꾸고, 지옥을 천국으로 바꿉니다. 개인을 살리고, 가정을 바로 세우고, 국가의 흥망성쇠를 결정 짓습니다. 월드컵 우승을 열 번 한다 해도 한 사람의 생명도 구할 수 없습니다. 오히려 광적인 팬을 심장마비로 죽게 하기도 합니다.

그러나 복음은 살립니다. 그러기에 고난이 있다 해도 복음은 전해야 합니다.

그러므로 네가 우리 주의 증거와 또는 주를 위하여 갇힌 자된 나를
부끄러워 말고 오직 하나님의 능력을 좇아 복음과 함께 고난을 받
으라(딤후 1:8)

배우고 확신한 일에 거하라

배운 사람은 자신이 있습니다. 두려움도 없습니다. 수영을 배운 사람은 물이
두렵지 않습니다. 영어를 배우고 익힌 사람은 외국인이 두렵지 않습니다.
아는 것이 힘입니다. 많이 알고 있는 사람과 함께 있으면 든든합니다.
추석 연휴 특선 영화를 보았습니다. 제목은 기억나지도 않는데 주인공만은
기억이 생생합니다. 이 주인공은 못하는 것이 없습니다. 자동자 운전은
기본이고, 오토바이, 스키, 모터보트, 대형트럭, 헬리콥터, 심지어는 전투기
조종 및 미사일 발사까지 못하는 것이 없습니다. 한 마디로 슈퍼맨입니다.
영화이기에 가능한 장면들이었습니다.

그 영화를 보면서 참 아는 것이 중요하구나. 지식과 경험이 없으면 어느 것
하나 제대로 해결할 수 없겠구나 라는 생각을 해보았습니다.

그러나 무엇을 배워야 할까요? 사람의 가장 중요한 배움이 무엇일까요?
바로 성경입니다. 성경 속에는 놀라운 능력이 있습니다. 슈퍼맨도 할 수
없는 능력들로 구원에 이르는 지혜가 있고 사망을 생명으로 바꾸는 능력이
있습니다. 성경을 배워야 합니다. 성경을 배워야 세상을 이깁니다.

> 그러나 너는 배우고 확신한 일에 거하라 네가 뉘게서 배운 것을 알
> 며 또 네가 어려서부터 성경을 알았나니 성경은 능히 너로 하여금
> 그리스도 예수 안에 믿음으로 말미암아 구원에 이르는 지혜가 있게
> 하느니래(딤후 3:14~15)

°복(福)°이°되°는°일°

형제의 우양이 길을 잃으면 찾아 주라

초등학교 시절 학교를 다녀오면 점심을 먹고 소를 몰고 나갔습니다. 풀을
뜯기기 위함입니다. 또래의 아이들이 모두 소를 몰고 나와 저수지 옆 풀밭에
모입니다. 황소, 암소, 송아지를 모두 합치면 백여 마리나 됩니다. 소 한
마리 뒤에 아이 하나. 또 그 뒤에 소 한 마리 아이 하나. 이렇게 한 줄로
서서 산길을 올라가는 광경은 멋진 풍경입니다. 바로 뒤에 따라오는 소의
콧김이 바로 머리 위에서 아른거리고 어떤 때는 저보다 10배나 큰 소의
머리가 불쑥 제 앞으로 나타나기도 했습니다. 산중턱에 도착하면 고삐를
목에 감아 땅에 끌리지 않게 하고 산 속으로 놓아 마음대로 풀을 뜯게
합니다. 소를 풀어놓은 다음에는 가재 잡기, 진흙놀이, 술래잡기로 정신없이
놉니다. 해가 서산으로 기울고 어둠이 내릴 때면 일제히 소를 찾으러 산으로
올라갑니다. 그러나 어떤 때는 소 몇 마리가 산을 넘어 멀리 가버릴 때가
있습니다. 소를 잃은 아이들은 울고 내려옵니다. 이럴 때면 반드시 그
중에서 큰 아이들이 같이 올라가서 소를 찾아 같이 집으로 돌아오곤
했습니다.

도시에는 소가 없습니다. 시골에도 별로 없습니다. 그러나 소는 없더라도
아픔을 같이 하고 도와야 할 이웃은 그 때보다 더 많습니다.

네 형제의 우양의 길 잃은 것을 보거든 못 본 체 하지 말고 너는
반드시 끌어다가 네 형제에게 돌릴 것이요(신 22:1)

만물의 마지막이 가까왔으니
정신을 차리고 근신하여 기도하라

시작도 중요하지만 마지막은 더 중요합니다. 출발은 1등으로 했으나 골인할 때 떨어지면 낙오자가 됩니다.

축구도 시작 후 5분이 중요하고, 더 중요한 것은 종료 전 5분입니다. 이기고 있다가도 종료 전 5분을 견디지 못하고 비기거나 역전패 하는 경우를 종종 봅니다. 시간이 다 되어간다고 방심하다가 골을 먹는 것입니다.

야구도 9회말 투 아웃 이후라고 말합니다. 1명만 아웃 시키면 오늘은 승리한다는 생각에 아차 실투하면 홈런을 얻어맞고 패전투수가 되고 맙니다. 배도 파선하는 경우가 파도가 흉용하는 망망대해에서보다는 항구에 다 들어와서 생기는 경우가 더 많다고 합니다.

정신을 차리면 거의 모든 사고는 예방할 수 있습니다. 사고와 재난의 대부분은 기계의 결함보다는 정신차리지 않는데서 발생된다고 합니다.

마지막 때가 되었습니다. 세계 곳곳에서 일어나는 징조로도 말세요, 개인의 삶에서도 사고나 재난이 언제 어떻게 닥칠지 모르기 때문에 말세를 사는 정신으로 살아야 할 것입니다.

정신을 차리고 근신하여 기도하는 삶! 최고의 삶일 것입니다.

만물의 마지막이 가까왔으니 그러므로 너희는 정신을 차리고 근신하여 기도하라(벧전 4:7)

∘복(福)∘이∘되∘는∘일∘

듣든지 안 듣든지 내 말을 고하라

여름 휴양회 장소 답사차 동해안 해변가를 갔습니다. 7월초인데도 많은
피서객들이 물놀이를 하고 있었습니다. 비치 파라솔이 해변을 수놓고 크고
작은 텐트들이 여기저기 들어서 있었습니다.

그 중에서도 가장 눈에 띄는 것은 전망대였습니다. 높은 탑으로 세워져
있고, 그곳에는 안전요원이 바다를 주시하고 있었습니다. 그 때 확성기로
위험 경계선 밖으로 나가지 말라는 방송이 흘러나왔습니다.

 파도타기에 정신이 없어 들리는지 안 들리는지는 모르지만 방송은 계속
되었습니다. 잠시 후 몇 사람이 경계선을 넘은 모양입니다. 계속해서 경계선
안으로 들어오라고 방송을 내보내고 있었습니다.

오늘도 많은 사람들이 하나님의 품을 떠나 세상으로 나가고 있습니다.
마귀의 검은 손길을 의식하지 못하고 경계선을 넘고 있습니다.
먼저 부르심을 받은 우리는 세상을 향해 헤엄쳐 나가는 가족과 이웃과
동족을 향해 돌아오라고 고해야 합니다.
듣든지 안 듣든지 고해야 합니다.

그들은 심히 패역한 자라 듣든지 아니 듣든지 너는 내 말로 고할지
어다(겔 2:7)

가이사의 것은 가이사에게 하나님의 것은 하나님께 바치라

우리는 두 나라의 시민권을 갖고 있습니다. 하나는 대한민국의 시민권이요 하나는 천국의 시민권입니다. 그렇기 때문에 두 나라의 법을 모두 지켜야 합니다. 어느 하나라도 소홀히 한다면 그 나라의 바른 시민이 아닙니다. 우리는 엿새 동안은 세상에서 일합니다. 일하면서 소속된 회사의 법규를 지킵니다. 국가에 대한 의무도 수행합니다. 그런 반면 주일은 하나님 나라의 시민으로서 성도의 의무를 수행합니다. 꼭 주일이 아니더라도 하나님 나라의 시민으로서 세상에서 모범이 되도록 힘쓰고 있습니다.

참된 하나님 나라 시민은 세상의 제도에도 적극적으로 앞장서서 지켜야 합니다. 납세의 의무를 다해야 합니다. 세금을 안내고 그 돈으로 헌금하는 것은 옳지 않습니다. 세상 나라도 하나님께서 세우신 것입니다. 가이사의 것은 가이사에게 바치듯 국가에 대한 납세의 의무를 다하고, 하나님의 것은 하나님께 바치듯이 십일조나 감사의 의무도 다해야 할 것입니다.

이에 예수께서 가라사대 가이사의 것은 가이사에게, 하나님의 것은 하나님께 바치라 하시니 저희가 예수께 대하여 기이히 여기더라(막 12:17)

• 복(福) • 이 • 되 • 는 • 일 •

안식일을 기억하여 거룩히 지키라

구별된 것이 있습니다. 곡식 중에서도 종자로 구별된 것은 귀합니다. 가장 알차고 흠 없이 구별된 종자는 이듬해에 풍년의 밑거름이 됩니다.

어렸을 때 아버지는 곡식을 수확하시면 구별해 놓으셨습니다. 교회 조사님이 심방을 오시기 때문입니다. 제 고향은 워낙 산골이라 마을에 교회가 없어 교회가 있는 먼 동네로 다녔습니다. 교회도 작아서 목사님이 계시지 않고 조사님이 계셨습니다. 조사님은 지금의 전도사님이라고 생각됩니다.

아버지는 곡식도 구별하셔서 그것으로 밥을 지으시고 감도 좋은 것으로 구별하셨다가 조사님이 오시면 대접하셨습니다. 언제 저렇게 크고 좋은 것이 있었나 싶을 정도로 특별히 구별하셨습니다.

하나님께서도 구별하시는 것들이 많으십니다.

그 중에서도 날을 구별하셨습니다. 이 날은 거룩한 날이니 너희도 거룩하게 지키라고 하십니다.

이 날을 기억하라고 하십니다. 아무렇게나 지키지 말고 기억하고 준비했다가 지키라는 것입니다.

하나님께서 구별하신 귀한 날, 참으로 복된 날입니다.

안식일을 기억하여 거룩히 지키라(출 20:8)

믿음 없는 자가 되지 말고 믿는 자가 되라

사람과 사람 사이에서 믿음이 사라지면 도무지 살 수 없는 곳이 되고 말 것입니다. 건물에서 철근이 빠져 버리듯이 한순간에 주저앉고 말 것입니다.

믿음은 사람과 사람을 받쳐주는 기둥입니다.

가정에서 믿음의 기둥이 빠지면 가정이 무너져 내립니다.

기업에서 믿음의 철근이 빠져 버리면 주저앉고 맙니다.

국가가 아무리 막강한 힘을 갖고 있다 해도 믿음이 사라져버리면 황량한 사막으로 변하고 말 것입니다.

믿음은 귀합니다. 서로 신뢰한다는 것은 엄청난 힘입니다.

그러나 지금까지 언급한 믿음과 또 다른 믿음이 있습니다. 한 차원 더 높고 더 귀한 믿음이 있습니다.

예수 그리스도를 믿는 믿음입니다. 예수 그리스도를 하나님의 아들로 믿는 믿음, 그가 나를 위해 피 흘려 내 죄를 사하신 데 대한 믿음, 그러나 그는 사망에 매어 있지 않고 부활하심을 믿는 믿음. 이 믿음은 귀하고도 귀한 믿음입니다. 사람과 사람과의 신뢰와 믿음은 삶을 아름답게 하지만 예수 그리스도를 믿는 믿음은 삶 그 자체입니다.

도마에게 이르시되 네 손가락을 이리 내밀어 내 손을 보고 네 손을
내밀어 내 옆구리에 넣어 보라 그리고 믿음 없는 자가 되지 말고
믿는 자가 되래(요 20:27)

죽도록 충성하라

가장 귀한 것은 생명입니다. 생명과 바꿀 것은 없습니다.

옛날 우화에 "도깨비 방망이"란 이야기가 있습니다. 이 도깨비 방망이만

있으면 못할 것이 없습니다. 돈 나와라 뚝딱하면 돈이 쏟아지고, 밥 나와라

뚝딱하면 김이 모락모락 나는 쌀밥이 차려집니다. 그러니 세상에 부러울

것이 없습니다. 그러나 이 도깨비 방망이를 구할 길이 없습니다.

어느 날 나무꾼이 나무를 하는데 도깨비가 나타났습니다. 나무꾼은

도깨비가 갖고 있는 방망이를 달라고 애걸했습니다.

그러자 도깨비는 좋다 이 방망이를 줄 테니 네 목숨을 내어놓으라 했답니다.

아무리 도깨비 방망이가 좋아도 목숨과는 바꿀 수 없겠지요

그러나 여기 목숨보다 소중한 것이 있습니다.

생명의 면류관입니다.

하나님께 충성하기 위해 환난을 견디고 목숨까지라도 내어놓는다면 영원한

생명이 예비되어 있습니다. 주를 위한 죽음은 곧 영생입니다.

네가 죽도록 충성하라 그리하면 내가 생명의 면류관을 네게 주리라(계 2:10)

• 순 • 종 • 의 • 열 • 매 • I •

음행을 피하라

물러서지 않고 마주서서 대항해야 할 세력이 있고, 피해 지나가야 할 세력이 있습니다. 쳐들어오는 적군을 향해서는 마주서서 대항해야 합니다. 닥쳐오는 환난과 시험에 대해서도 물러서지 않고 맞서 싸워야 합니다. 그러나 음행은 피해야 합니다. 음행과 정면 대결을 하면 안됩니다. 요셉은 음행을 피했습니다. 보디발의 아내의 손길을 뿌리치고 도망쳤습니다. 보디발의 아내를 설득하거나 훈계하지 않고 피했습니다. 만일 요셉이 보디발의 아내를 피하지 않았다면 어떻게 되었을까요?

삼손을 들릴라를 피하지 못했습니다. 들릴라의 무릎을 피하지 못한 결과로 두 눈이 뽑히고 대적에게 사로잡히는 수치를 당했습니다. 다윗은 밧세바를 피하지 못했습니다. 목욕하는 광경을 보게 된 것은 어쩔 수 없으나 이내 그 자리를 떠나 먼저 눈으로 피하고 이어서 마음으로 피했어야 했습니다. 이 시대에 얼마나 많은 음행이 우리를 손짓하는지 모릅니다. 피해야 합니다. 요셉처럼 피해야 합니다. 이를 악물고라도 피해야 합니다. 피하는 자만이 승리합니다.

음행을 피하라 사람이 범하는 죄마다 몸밖에 있거니와 음행하는 자
는 자기 몸에게 죄를 범하느니래(고전 6:18)

어미 새와 새끼 새를 같이 잡지 말고 어미 새는 놓아 주라

하나님은 참으로 자상하십니다. 작은 것 하나까지도 세심하게 우리를 위해 배려해 주십니다.

누구든지 새끼나 알을 품은 어미 새를 만나거든 둘 다 잡지 말고 반드시 어미 새는 살려주라는 것입니다. 이것은 단순히 자비를 상징하거나 새의 보호만을 위한 명령이 아닙니다.

하나님께서 인간의 유익을 위해서 창조하신 자연의 보호를 위하신 명령도 되지만 궁극적으로는 인간 자신의 보호라는 의미까지 지니게 됩니다.

고린도전서 9장 9절에 보면 "모세 율법에 곡식을 밟아 떠는 소에게 망을 씌우지 말라 기록하였으니 하나님께서 어찌 소들을 위하여 염려하심이냐 전혀 우리를 위하여 말씀하심이 아니냐 과연 우리를 위하여 기록된 것이니 밭가는 자는 소망을 가지고 갈며 곡식 떠는 자는 함께 얻을 소망을 가지고 떠는 것이라"고 하셨습니다

어렸을 때 새의 알을 많이 꺼내 구워 먹었습니다. 때로는 새끼도 꺼내어 키워본다고 하다가 죽게 한 경우도 있습니다. 다행히 어미 새는 잡을 능력이 없어서 잡지 못한 것이 다행스럽습니다. 하나님의 질서 법칙을 지킬 때 자연은 우리에게 혜택을 줄 것입니다.

어미는 반드시 놓아줄 것이요 새끼는 취하여도 가하니 그리하면 네
가 복을 누리고 장수하리라(신 22:7)

항상 아버지 하나님께 감사하라

어제 설악산 가을꽃 촬영을 하고 돌아왔습니다. 험한 바위틈에서도
하나님의 창조의 솜씨는 아름다움을 뽐내고 있었습니다. 바위구절초,
투구꽃, 용담, 산부추들이 가을바람을 타고 춤추고 있었습니다.

험하기로 이름난 공룡능선에서 텐트를 치고 밤하늘을 우러러보았습니다.
순간 눈을 의심할 정도의 신비한 밤하늘을 볼 수 있었습니다. 이토록 많은
별은 어릴 적 마당에 멍석을 펴놓고 올려다보았던 이후로 처음이었습니다.
온통 밤하늘이 별들의 잔치로 가득 차 있었습니다. 북두칠성이 손에 잡힐
듯 선명하고 하늘을 찌를 듯 양쪽으로 솟아있는 바위틈으로 별들은
마주보고 웃고 있었습니다.

넋을 잃고 한 동안 별을 바라보았습니다. 흐르는 유성처럼 추억이
파노라마처럼 스쳐 지나갔습니다. 개구쟁이 시절, 학창시절, 신혼시절,
오늘에 이르기까지 별들은 깊은 잠에서 추억을 깨워주었습니다.

감사가 나왔습니다. 하나님께서 내게 베푸신 은혜는 저 별보다 많다고
생각합니다. 항상 아버지 하나님께 감사하지 못한 자신을 되돌아보게
되었습니다.

하나님 아버지, 감사합니다.

범사에 우리 주 예수 그리스도의 이름으로 항상 아버지 하나님께
감사하며(엡 5:20)

• 복(福) • 이 • 되 • 는 • 일 •

스스로 돌이키고 살지니라

잘못된 길로 가는 사람이 해야 할 가장 중요한 일은 돌이키는 것입니다. 먼길을 여행하다 보면 길을 잘못 들어설 수가 있습니다. 이 때 가장 중요한 일은 그 길을 돌이켜 바른 길로 들어서는 일입니다. 돌이키지는 않고 걱정만 해서도 안되고, 서로 원망해서도 안됩니다. 누구의 잘못인가를 가려내는 일도 중요한 일이 아닙니다. 돌이키는 일이 중요합니다.

놀음의 길로 잘못 들어간 분은 그 길 돌이켜야 합니다. 게으름의 길로 들어간 분은 길을 돌이켜 부지런해야 합니다. 술의 길로 이끌려 간 분은 어느 술이 더 독하고 어느 술이 순한가를 논하기 전에 그 길에서 돌이켜 벗어나는 것이 최우선입니다.

죄의 길로 들어서서 멸망으로 치닫는 분들은 예수 그리스도의 길로 빨리 돌이켜야 합니다. 그래야 삽니다.

"나 주 여호와가 말하노라 이스라엘 족속아 내가 너희 각 사람의 행한 대로 국문할지라 너희는 돌이켜 회개하고 모든 죄에서 떠날지어다 그리한즉 죄악이 너희를 패망케 아니하리라

너희는 범한 모든 죄악을 버리고 마음과 영을 새롭게 할지어다 이스라엘 족속아 너희가 어찌하여 죽고자 하느냐"

나 주 여호와가 말하노라 죽는 자의 죽는 것은 내가 기뻐하지 아니
하노니 너희는 스스로 돌이키고 살지니라(겔 18:32)

긍휼과 자비와 겸손과 온유와 오래 참음으로 옷 입으라

옷은 사람의 인품을 나타냅니다. 검소한 옷, 깔끔한 옷, 개성 있는 옷은 보기에도 좋고 일하기에도 좋습니다. 옷은 격에 맞게 입어야 합니다. 작업하기에 좋은 옷, 여행하기에 좋은 옷, 등산하기에 좋은 옷, 운동하기에 좋은 옷, 파티에 어울리는 옷 등 격에 어울리는 옷은 좋은 분위기를 연출합니다.

종종 격에 맞지 않는 옷을 입은 분들이 눈을 피곤하게 할 때가 있습니다. 사무실에서는 분명히 수영은 안 할텐데 수영복을 방불케 하는 옷차림이 있고, 손에 든 책을 보면 대학생 같은데 옷차림은 요정에서나 볼 수 있는 모습들을 봅니다. 고아원을 방문하면서 수십 마리의 밍크를 죽여서 만든 화려한 밍크 코트를 입고 라면 몇 박스를 전달하는 장면도 눈을 충혈하게 합니다.

그러나 그 어떤 옷보다 귀한 옷이 있습니다. 포근한 옷, 평화의 옷이 있습니다. 긍휼의 옷, 자비의 옷, 겸손의 옷, 온유의 옷, 오래 참음의 옷입니다.

이런 옷을 입으라고 하나님께서는 주문하십니다.

> 그러므로 너희는 하나님의 택하신 거룩하고 사랑하신 자처럼 긍휼
> 과 자비와 겸손과 온유와 오래 참음을 옷 입고(골 3:12)

엿새 동안 힘써 일하라

부지런함은 가장 큰 재산입니다. 현재는 빈손이더라도 부지런함만 있으면 곧 재산은 모여듭니다. 그러나 현재는 재벌이라도 부지런함이 없으면 가난이 문밖에서 대기하고 있습니다.

성도는 부지런해야 합니다. 일하기 싫어하거든 먹지도 말라고 말씀하고 있습니다. 잠언에서도 여러 차례 게으른 자를 책망하고 있습니다.

"손을 게으르게 놀리는 자는 가난하게 되고 손이 부지런한 자는 부하게 되느니라." "부지런한 자의 손은 사람을 다스리게 되어도 게으른 자는 부림을 받느니라." "게으른 자의 길은 가시울타리 같으나 정직한 자의 길은 대로니라." "게으름이 사람으로 깊이 잠들게 하나니 해태한 사람은 주릴 것이니라." "게으른 자는 가을에 밭 갈지 아니하나니 그러므로 거둘 때에는 구걸할지라도 얻지 못하리라." "네가 좀 더 자자, 좀 더 졸자, 손을 모으고 좀 더 눕자 하니 네 빈궁이 강도같이 오며 네 곤핍이 군사같이 이르리라." 하나님께서는 일곱 개의 날들을 주시면서 여섯 개는 힘써 네 일을 하고 한 개는 거룩히 구별하여 지키라 하셨습니다.

부지런한 자, 하나님의 뜻대로 사는 사람입니다.

엿새 동안은 힘써 네 모든 일을 행할 것이나(출 20:9)

°순•종•의•열•매• I •

때를 얻든지 못 얻든지 항상 말씀을 전하라

완벽한 기회를 만들어서 어떤 일을 하려다보면 못하고 말 때가 많습니다.
물론 일을 함에 있어 완벽한 사전 준비와 계획을 하는 것은 좋습니다.
그러나 전도는 그렇지 않음을 봅니다. 단 둘이 있을 기회를 만들어서
해야지, 다음에 더 좋은 조건을 만들어서 해야지, 또 기회가 오겠지
하다가는 그 기회는 영영 가버릴 때가 있습니다.
언제까지나 곁에 계실 것 같은 부모님이 예수를 영접하지 못하고 훌쩍
떠나버리실 때, 전화 한통화면 금방 만날 수 있던 친구가 불의의 사고로
돌아오지 못할 강을 건너버릴 때, 우리는 허전한 가슴을 쓸어 내리기도
합니다.
축구는 찬스를 만들어 슛을 해야 합니다. 하프라인을 넘기도 전에 무턱대고
슛을 하면 안됩니다. 농구도 찬스를 만들어 슛을 해야 합니다. 바로 앞에
장신 수비수가 버티고 있는데 슛을 하면 볼을 가로채이고 맙니다.
그러나 영혼을 구원하는 결정적인 전도의 슛은 때를 얻든지 못 얻든지 하라
하셨습니다.
주여, 그렇게 할 수 있도록 도와주옵소서.

너는 말씀을 전파하라 때를 얻든지 못 얻든지 항상 힘쓰라 범사에
오래 참음과 가르침으로 경책하며 경계하며 권하라(딤후 4:2)

서원하였으면 그 입에서 나온 대로 실행하라

섣불리 해서는 안 되는 일이 서원이라고 생각합니다.

한 때의 충동적 감정으로 해서도 안 될 것입니다. 서원은 하나님과의 특별한 약속입니다. 특별한 약속이기 때문에 어떤 일이 있어도 지켜야 합니다.

사람이 사람과 맺은 약속도 중요합니다. 반드시 지켜야 합니다. 약속을 지키지 않는 사람은 신뢰할 수 없는 사람입니다.

하물며 하나님 앞에 특별한 목적으로 서원한 것은 보통 약속이 아닙니다. 재산을 바치기로 했던지, 몸을 바치기로 했던지, 헌신을 위하여 금식을 서원했다던지 입에서 나간 말은 지켜야 합니다.

하나님의 백성은 하나님을 본받아야 합니다. 하나님께서는 식언치 않으십니다. "하나님은 인생이 아니시니 식언치 않으시고"라고 하셨습니다. 시편 15장 4절에는 "그 마음에 서원한 것은 해로울지라도 변치 아니하며"라고 했습니다.

하나님과의 약속, 반드시 지켜야 할 약속입니다.

사람이 여호와께서 서원하였거나 마음을 제어하기로 서약하였거든
파약하지 말고 그 입에서 나온 대로 다 행할 것이니라(민 30:2)

무엇보다도 열심으로 서로 사랑하라

열심히 해야 할 일이 많습니다. 학생은 공부를 열심히 해야 할 것이고
군인은 열심히 훈련해야 할 것입니다. 직장인은 열심히 일해야 하고, 주부는
열심히 살림살이를 해야겠지요.

그러나 우선 순위가 있습니다.
"무엇보다도"라는 말은 성도의 생활에 있어서 가장 우선되는 일임을
뜻합니다. 하나님은 오늘 우리에게 무엇보다도 가장 우선적으로 열심으로
서로 사랑하라고 말씀하십니다. 이와 같은 사랑을 실천하는 자는 자신의
죄를 용서하신 예수 그리스도의 사랑을 알고 있기 때문에 다른 사람의
허물도 용서할 수 있게 됩니다.

사랑은 많은 죄를 덮습니다. 오직 사랑만이 덮을 수 있습니다. 산과 들을
이불로 덮을 수 있습니까? 나무와 바위를 담요로 덮을 수 있습니까? 흰 눈이
내려야 산과 들이 덮입니다. 나무와 바위도 덮입니다.
오직 사랑만이 죄를 덮습니다. 무엇보다도 열심으로 서로 사랑합시다.

무엇보다도 열심으로 서로 사랑할지니 사랑은 허다한 죄를 덮느
라(벧전 4:8)

∘복(福)∙이∙되∙는∙일∘

풀은 마르고 꽃은 시드나
하나님 말씀은 영영히 서리라고 외치라

TV 스포츠 뉴스에서 육체미 대회 장면을 보았습니다. 대단했습니다. 사람의
근육이 저렇게까지 탄력이 있을까 눈을 의심할 정도로 우람했습니다.
미스 유니버스 선발대회의 중계를 보았습니다. 세계 각국에서 가장
아름다운 사람을 내보냈으니 그야말로 아름다움의 잔치였습니다.
인생의 황금 같은 시절을 맞고 있는 젊음과 미의 축제였습니다.
그러나 그 아름다움이 얼마나 갈까요?
풀은 마르고 꽃은 시들 듯이 모든 육체는 풀이요 그 모든 아름다움은 들의
꽃 같다고 말씀하십니다. 풀이 마르고 꽃이 시듦은 여호와의 기운이 그 위에
불어오기 때문이라고 하셨습니다.
육체는 자랑할 것이 못됩니다. 짧은 시간에 , 너무나 짧은 시간에 시들어
버리기 때문입니다.
하나님의 말씀을 자랑해야 합니다. 풀은 마르고 꽃은 시드나 하나님의
말씀은 영영히 서있기 때문입니다.

풀은 마르고 꽃은 시드나 우리 하나님의 말씀은 영영히 서리라 하
라(사 40:8)

•순•종•의•열•매•ㅣ•

회당의 상좌와 잔치의 상석을 원하는 서기관들을 삼가라

서기관들은 잔치자리에서도 높은 자리에 앉기를 원하고, 회당에서도 높은 자리에 앉기를 원했다고 합니다. 그 만큼 자기 스스로를 높게 여기고 의롭게 본 것입니다. 그러나 그들 속에 깊이 박혀있는 죄와 교만은 보지 못했습니다.

자기 스스로를 의인이라고 여기는 사람 중에 의인은 한 사람도 없습니다. 의인과 죄인의 판결은 자기 자신이 내리는 것이 아니기 때문입니다. 심판은 오직 하나님의 아들 어린 양 예수께서 하시는 것입니다.

사람은 인정받고 싶은 욕망이 있습니다. 높은 자리에 앉아 자신의 지위를 보여주고 싶고, 사람의 눈에 띄는 곳에서 자기의 의를 드러내고 싶은 욕망이 있습니다. 이 모든 것은 성령이 하시는 일이 아닙니다. 성령은 겸손하게 합니다. 낮아지게 합니다. 섬기게 합니다.

그러나 마귀는 얼굴을 들게 합니다. 교만하게 합니다. 은혜는 낮은 곳으로 흐릅니다. 물은 낮은 곳으로 흘러 바다를 이루듯이 은혜와 축복도 낮추는 자에게 머물러 온갖 보화를 가져다 줍니다.

바울의 고백을 기억합니다. "나는 날마다 죽노라."

회당의 상좌와 잔치의 상석을 원하는 서기관들을 삼가라(막 12:39)

•복(福)•이•되•는•일•

너희 묵은 땅을 기경하라

농부가 논이나 밭에 곡식을 심으려면 흙을 갈아엎어야 합니다.

곡식을 심으려면 소에다 쟁기라는 기구를 달아서 흙을 뒤집습니다. 땅속에

있던 흙은 밖으로 나오고 땅 표면에 있던 흙은 속으로 들어가도록 뒤집어

주어야 합니다. 소는 무거운 쟁기를 뒤에 달고도 묵묵히 일을 합니다.

농부는 쟁기를 잡고 적당한 깊이로 밭을 갈고는 이어서 쓰레라는 기구를 소

뒤에 달아 굵은 흙덩이를 작고 곱게 부수어 줍니다. 그래야 곡식을 심을 수

있고 그래야 토지가 옥토가 됩니다.

밭을 갈면 이물질이 나옵니다. 돌도 나오고 전에 심었던 곡식의 뿌리도

나옵니다. 이 모든 것을 제거해 주고 부드럽게 만들어 주어야 합니다.

쟁기질이 재미있어 보여서 아버지를 졸라 해보았습니다.

그러나 잘 안되었습니다. 쟁기를 너무 들어올리면 땅위로 미끄러져 가고,

너무 깊이 내리면 땅속으로 내려가 힘센 소도 끌고 갈 수가 없었습니다.

사람의 마음 밭도 갈아엎어야 합니다. 묵은 땅을 기경하듯 묵은 마음을

기경해야 합니다. 그래야 의의 단비가 내립니다.

너희가 자기를 위하여 의를 심고 긍휼을 거두라 지금이 곧 여호와
를 찾을 때니 너희 묵은 땅을 기경하라 마침내 여호와께서 임하사
의를 비처럼 너희에게 내리시리라(호 10:12)

남의 장래에 신경쓰지 말고 너는 나를 따르라

우리는 남의 일에 더 신경 쓸 때가 많습니다. 나 자신은 문제투성이로

얼룩져 있으면서도 깨닫지 못하고 남의 잘잘못만 탓할 때가 있습니다.

모든 문제는 내게 있습니다. 내가 잘하면 가정이 잘되고 내가 깨어있으면

교회가 평안합니다. 내가 질서를 지키고 내가 희생하면 나라가 바로 섭니다.

예수님께서 십자가를 지시고 골고다를 오르셨습니다. 예루살렘의 여인들이

예수님을 보고 울었습니다. 머리에 가시관을 쓰시고 온몸이 땀과 피로

얼룩진 예수님의 모습을 보고 애처로와 울었습니다.

그러나 예수님은 저들을 돌아보시며 말씀하십니다.

"예루살렘의 딸들아 나를 위해 울지 말고 너와 네 자녀를 위해 울라"

그렇습니다. 문제가 예수님의 십자가에 있는 것이 아닙니다. 그들 자신에게

있는 것입니다. 자신의 죄를 위해 울고 자녀의 죄에 대해 울어야 하는 것이

예루살렘 여인들이었듯이 오늘도 우리는 내 죄를 인하여 울고 자녀를 위해

울어야 할 것입니다.

베드로는 같은 제자인 요한의 사역과 장래에 대해 궁금했습니다.

그러나 예수님의 대답은 그것은 내가 할 일이요 너는 오직 나를 따르라는

것이었습니다.

예수께서 가라사대 내가 올 때까지 그를 머물게 하고자 할지라도
네게 무슨 상관이냐 너는 나를 따르라 하시더라(요 21:22)

◦복(福)◦이◦되◦는◦일◦

차든지 덥든지 하라

이것도 아니고 저것도 아닐 때가 가장 어렵습니다.

좋다고 하든지 이런 것은 싫다고 해서 거기에 대한 대책을 세우도록

해주어야지 전혀 내색이 없으면 답답합니다.

베풀어주는 호의에 대해 반응이 없다면 어찌해야 좋을지 모릅니다.

고맙기는 한데 표현을 안 하는 것인지 오히려 그것이 귀찮고 싫어서 그런지

생각이 복잡해집니다.

음식도 미지근하면 맛이 없습니다. 냉면이 미지근하면 맛이 없고 매운탕도

미지근하면 무슨 맛으로 먹는지 알 수 없습니다.

신앙은 분명해야 합니다. 교회는 출석하나 열심이 없고, 봉사는 하나 감격이

없고, 기도는 하나 뜨거움이 없고, 찬송은 부르나 가사는 마음에 부딪히지

않고, 성경은 있으나 읽지는 않고, 예배는 드리나 하나님과의 만남은 없는

신앙이어서는 안 될 것입니다.

식은 가슴에 불을 붙어야 합니다. 마른 눈에 눈물이 고여야 합니다.

오그라들은 손이 펴져야 합니다.

시대가 악합니다. 뜨거운 신앙으로 달려갑시다.

내가 네 행위를 아노니 네가 차지도 아니하고 더웁지도 아니하도다
네가 차든지 더웁든지 하기를 원하노라(계 3:15)

너희 몸으로 하나님께 영광을 돌리라

우리 집을 지키라고 사온 개가 우리 집은 지키지 않고 남의 집에 가서
지킨다면 그 개는 주인에게 합당치 않습니다.

길에 버려진 아이를 불쌍히 여겨 집으로 데리고 와서 아들과 똑같이
보살피고 키웠는데 그 은혜를 모르고 돌아선다면 사람의 도리가 아닐
것입니다.

가장 몹쓸 사람은 은혜를 모르는 사람입니다. 이사야는 하나님의 은혜를
저버리고 우상을 따라간 이스라엘을 향해 탄식합니다.

"소는 그 임자를 알고 나귀는 주인의 구유를 알건마는 이스라엘은 알지
못하고 나의 백성은 깨닫지 못하는 도다 하셨도다. 슬프다 범죄한 나라요
허물진 백성이요 행악의 종자요 행위가 부패한 자식이로다. 그들이
여호와를 버리며 이스라엘의 거룩한 자를 만홀히 여겨 멀리하고 물러
갔도다."

우리 몸은 우리 것이 아닙니다. 죄로 인해 죽을 영육을 하나님께서 그
아들의 피로 대신 살리사 구속하셨습니다. 그렇기 때문에 살려주신 분의
뜻대로 살아야 합니다. 우리 몸은 하나님의 것입니다.

값으로 산 것이 되었으니 그런즉 너희 몸으로 하나님께 영광을 돌
리라(고전 6:20)

가나안 땅에 들어가거든 그 땅 거민을 다 몰아내라

수술을 맡은 의사가 환자의 암세포를 다 제거하지 않고 수술을 마쳤다면 큰 잘못을 한 것입니다. 고통과 수고가 따르더라도 암세포를 모두 제거해야 다시 퍼지지 않습니다.

어릴 때 밭에서 일을 했습니다. 잡초를 뽑는 일이었습니다. 처음 얼마간은 곧잘 했습니다. 그러나 햇빛이 내리쬐고 허리가 아파 오자 꾀가 났습니다. 잡초를 뿌리 채 뽑아내야 하는데 힘이 드니 뜯어내 버린 것입니다. 우선 눈으로 보기에는 뽑아내나 뜯어내나 차이가 없었습니다. 그러나 몇 일이 지났습니다. 잡초를 뽑아낸 자리는 깨끗한데 뜯어낸 자리는 다시 잡초로 우거져 버린 것입니다. 눈가림으로 일을 한 것이 그대로 탄로되어 혼지검이 났습니다.

하나님은 자기 백성들이 순수하기를 원하셨습니다. 가나안 땅에 있는 이방신을 섬기는 백성들과 함께 있는 한 그들과 혼합될 것을 우려하여 모조리 몰아내고 유일신의 순수함을 유지하기를 원하신 것입니다.

우리에게도 가나안이 있습니다. 이방이 있습니다. 그 뿌리들을 뽑아내고 순수함을 유지해야 할 것입니다.

그 땅 거민을 너희 앞에서 다 몰아내고 그 새긴 석상과 부어 만든
우상을 다 파멸하며 산당을 다 훼파하고(민 33:52)

그리스도를 경외함으로 피차 복종하라

무엇이든지 일방적이면 좋지 않습니다. 사랑이 좋지만 일방적이면 짝사랑이 되고 맙니다. 관심을 가져주는 것도 좋지만 일방적이면 부담스럽습니다.

테니스를 오랫동안 했는데 테니스장에 나가면 어떤 때는 아무도 없습니다. 기다리다 동료가 나오지 않으면 벽에다 공을 칩니다. 그러나 재미가 없어 이내 그만두고 맙니다. 상대가 있어 서로 주고받아야 재미도 있고 경기가 되는데 벽을 치는 것은 일방적인 일입니다. 그러다 동료가 나오면 얼마나 반가운지 모릅니다.

그리스도인의 생활에서 바람직한 인간관계는 피차에 복종하는 삶입니다. 서로 존경하며 서로 위해주고 피차에 복종하는 삶은 아름답고도 귀한 일입니다.
복종하는 것은 나를 낮추어야 가능합니다.
예수님께서는 낮아지고 또 낮아지셔서 우리에게 본을 보여주셨습니다.
그리스도를 경외함으로 피차 복종합시다.

그리스도를 경외함으로 피차 복종하라(엡 5:21)

• 복(福) • 이 • 되 • 는 • 일 •

옷을 찢지 말고 마음을 찢으라

도저히 어쩔 수 없는 답답하고 절박한 일을 당했을 때 옷을 찢는 일이 있었습니다.

사마리아 성이 아람 왕 벤하닷의 군대에 에워싸여 기근으로 허덕일 때 이스라엘 왕이 여인들의 싸움소리를 들었습니다. 사연인즉 기근이 극심하여 오늘은 내 아이를 잡아먹을 테니 내일은 네 아이를 잡아먹자고 약속을 하고 오늘은 그렇게 했는데 다음날이 되니 그날 아이를 내어놓아야 할 여인이 자기 아이를 숨기고 내어놓지 않는다는 것이었습니다. 왕은 이 말을 듣고 옷을 찢었습니다. 참으로 기막힌 노릇입니다.

나아만 장군이 문둥병이 들었을 때도 아람 왕은 이스라엘 왕에게 서신을 보냈습니다. 나아만의 문둥병을 고쳐달라는 것입니다. 이 때도 이스라엘 왕은 옷을 찢었습니다. 어찌 문둥병을 사람이 고칠 수 있냐는 것입니다. 옷은 아무리 찢어도 해결이 되지 않습니다. 옷을 찢지 말고 마음을 찢어야 길이 열립니다. 죄인들에 대한 하나님의 가장 기본적인 요구는 상한 마음과 통회하는 심령입니다.

위대한 믿음의 선진들은 마음을 찢음으로 모든 문제를 해결했습니다.

너희는 옷을 찢지 말고 마음을 찢고 너희 하나님 여호와께로 돌아
올 지어다(욜 2:13)

주께서 너희를 용서하심 같이 피차 용서하라

주기도문에 보면 "우리가 우리에게 죄지은 자를 사하여 준 것 같이 우리 죄를 사하여 주옵시고"라는 구절이 있습니다.

용서는 용서받은 자의 필수적인 자세입니다. 자신은 형용할 수 없는 큰 용서를 받고서도 남에 대해서는 작은 용서도 하지 못해서는 은혜 받은 사람의 자세가 아닐 것입니다.

일만 달란트라는 평생을 갚아도 갚지 못할 큰 빚을 탕감 받은 사람이 백 데나리온이라는 적은 빚을 자기에게 진 사람을 용서하지 못하고 감옥에 집어넣은 예수님의 예화를 들으면서 그 사람 참 해도 너무 한다는 생각을 합니다.

그러나 한편으로 생각하면 그 사람이 바로 내가 아닌가도 생각해 봅니다. 어찌 우리가 진 죄의 빚이 일만 달란트보다 적겠습니까? 백만 달란트보다도 많을 것입니다. 그런데도 우리네 삶에서 작은 것 하나도 시원스레 용서하지 못하고 가슴에 담아두고 있다는 생각을 하니 오히려 더하면 더했지 덜하다는 생각이 들지 않습니다.

주께서 나를 용서하셨으니 나도 용서하여 살아야 하겠습니다.

누가 네게 혐의가 있거든 서로 용납하여 피차 용서하되 주께서 너희를 용서하신 것과 같이 너희도 그리하고(골 3:13)

∘복(福)∘이∘되∘는∘일∘

무법한 자들의 미혹에 이끌려 굳센데서 떨어질까 삼가라

가장 안타까운 일은 바른 길을 가던 사람이 미혹에 이끌려 잘못된 길로
떨어지는 일입니다. 생명길로 가던 사람이 사망의 길로 빠지는 일입니다.
교회학교에서 안타까운 일은 중등부를 마치고 고등부로 올라갈 때 수가
줄어들고 특히 고등부에서 대학, 청년부로 올라갈 때 급격히 줄어드는
일입니다. 대학 진학에 실패한 학생들은 좌절로 떨어지고, 진학에 성공한
학생들은 미혹으로 떨어지는 경우가 많습니다. 대학 선배들의 미혹에
이끌리고, 지성인이란 교만으로 영원한 생명의 길을 벗어나서 사망의 길로
들어서기가 쉽습니다. 참으로 안타까운 일입니다. 바울의 제자 중 데마라는
분이 있습니다. 한 때 바울을 도와 사역을 감당했지만 훗날 바울을 떠나
세상으로 가버리고 말았습니다. 바울은 이 일이 얼마나 슬펐든지 이렇게
기록하고 있습니다. "데마는 이 세상을 사랑하여 나를 버리고 데살로니가로
갔고"라고 안타까워하고 있습니다.

우리가 세상에 있는 한 미혹은 계속됩니다. 미혹하는 자들은 진드기와도
같습니다. 한두 번 물리쳤다고 포기하지 않습니다. 또 달라붙고 또
따라붙습니다. 말씀으로 무장하고 깨어 있어야 합니다.

그러므로 사랑하는 자들이 너희가 이것을 미리 알았은즉 무법한 자
들의 미혹에 이끌려 너희 굳센데서 떨어질까 삼가라(벧후 3:17)

º순·종·의·열·매·ㅣ·

근신하여 고난을 받으며 전도인의 일을 하며 직무를 다하라

하나님의 말씀은 이 시대를 정확하게 지적해 주고 있습니다.

"때가 이르리니 사람이 바른 교훈을 받지 아니하며 귀가 가려워서 자기의
사욕을 좇을 스승을 많이 두고 또 그 귀를 진리에서 돌이켜 허탄한
이야기를 좇으리라"고 했습니다.

과연 지금이 그런 시대라고 생각합니다. 또 이렇게 말세를 지적하십니다.

"네가 이것을 알라 말세에 고통하는 때가 이르리니 사람들은 자기를
사랑하며 돈을 사랑하며 자긍하며 교만하며 훼방하며 부모를 거역하며
감사치 아니하며 거룩하지 아니하며 무정하며 원통함을 풀지 아니하며
참소하며 절제하지 못하며 사나우며 선한 것을 좋아 아니하며 배반하여
팔며 조급하며 자고하며 쾌락을 사랑하기를 하나님 사랑하는 것보다
더하며 경건의 모양은 있으나 경건의 능력은 부인한다"라고 정확하게
오늘을 지적하고 있습니다.

그러나 성도의 할 일이 있습니다. 세상은 어떻든지 성도의 사명이 있습니다.
모든 일에 근신하여 고난을 받으며 전도인의 일을 하며 직무를 다하는 일,
말세를 살아가는 성도의 모습입니다.

그러나 너는 모든 일에 근신하여 고난을 받으며 전도인의 일을 하
며 네 직무를 다하라(딤후 4:5)

•복(福)•이•되•는•일•

망령되고 허한 말과 변론을 피하라

진짜가 있으면 꼭 가짜가 따라 나옵니다. 어떤 것이나 인기가 조금 있으면 어느 새 모조품이 판을 칩니다.

살빼기 운동기구가 하나 나와 인기를 끌면 이내 수십 가지가 쏟아져 나와 제각기 자기 것이 최고라고 선전합니다. 그리고 공통적으로 내놓는 문구가 있습니다. "유사품에 유의하세요"입니다. 모두가 유사품에 유의하라고 하니 그렇다면 어느 것이 진짜인가요?

귀하고 좋은 것일수록 가짜가 더 판을 칩니다. 복음은 귀한 것입니다. 진리는 귀한 것입니다. 그러므로 더욱 이단이 판을 치고 비진리가 거세게 도전해 옵니다. 망령되고 허한 말로 변론을 일으키며 도전해 옵니다.

이단들은 하나님을 자신들의 뜻대로 만들어서 논하기 때문에 불경스럽고 망령된 것입니다. 그 내용들은 모두 복음과 배치됩니다. 이런 망령되고 허한 말에 이끌려 변론을 일삼지 말고 피하라는 것입니다.

성도는 분별력이 있어야 합니다. 대항할 것은 대항해야 하지만 피해야 할 것은 잘 피해야 합니다.

거짓되이 일컫는 지식의 망령되고 허한 말과 변론을 피하라(딤전 6:20)

시험을 당하면 그리스도의 고난에
참예하는 것으로 즐거워하라

가치 있는 시험과 고난이 있고 무가치한 시험과 고난이 있습니다. 자기가
잘못해서 받는 고난은 자랑할 것도 없고 가치도 없습니다. 의를 위해 핍박을
받거나 복음을 위해 고난을 받는 것은 가치도 있고 영광스러운 일이지만
자신의 유익을 얻기 위해 받는 고난은 값어치가 없습니다. 시골의 어느
집사님이 시장을 다녀오다 배가 고팠습니다. 마침 남의 고구마 밭을 지나게
되었습니다. 배가 고프니 미안하지만 한 개만 캐서 먹으리라 생각하고는
땅을 파고 고구마 줄기를 하나 잡아 당겼습니다. 그랬더니 여러 개가
주렁주렁 달려 나왔습니다. 생각이 달라졌습니다. 욕심이 생겼습니다. 아예
주저앉아 캐기 시작했습니다. 정신없이 캐고 있는데 갑자기 눈에 별이
보이고 등이 화끈거렸습니다. 주인이 와서 몽둥이로 사정없이 내리친
것입니다. 요즘 고구마가 자꾸 없어졌다 했더니 네놈의 짓이었구나 하고
사정없이 두드려 팼다는 것입니다. 다음날이 주일인데 교회도 못 가고
누워있으니 목사님이 심방을 오셨습니다. 어쩌다 이렇게 되었냐는 목사님의
질문에 집사님 대답이 이렇습니다.“ 예수님도 고난을 당하셨는데 저도 이
정도 고난은 참아야죠” 이 집사님의 고난이 고난일까요?

오직 너희가 그리스도의 고난에 참여하는 것으로 즐거워하라 이는
그의 영광을 나타내실 때에 너희로 즐거워하고 기뻐하게 하려 함이
래(벧전 4:13)

옛 사람을 벗어버리고 새 사람을 입으라

신분이 바뀌면 옷차림도 따라서 바뀌게 됩니다. 가난한 농부의 딸로 태어나 누더기 같은 옷을 입고 살던 처녀가 임금님의 눈에 띄어 궁궐로 들어오게 되면 모든 것이 달라집니다. 우선 겉보기에 가장 큰 변화는 의복이 달라집니다. 궁궐에 들어온 사람은 옛날 입었던 옷을 벗어버려야 합니다. 그 옷을 그대로 입고서는 새 옷을 입을 수 없습니다.

고아원에서 소망 없이 자라던 아이가 귀한 분의 아들로 입적이 되어 들어가면 옛날에 입던 옷도, 생각도, 언어도, 행동도 버리고 새로운 신분에 맞추어 살아야 합니다.

성도는 마귀의 옷을 벗고 예수 그리스도로 옷 입은 엄청난 변화입니다. 그렇기 때문에 옛사람을 벗어버려야 합니다. 세상 유혹의 옷, 썩어져 가는 옛 습관의 옷, 원망의 옷, 불신의 옷, 다툼의 옷들을 모두 벗어버려야 합니다. 그리고 의의 옷, 진리의 옷, 믿음의 옷으로 말끔히 갈아입어야 합니다. 신분은 변했는데 옷차림도, 언어도, 행동도 변하지 않고 옛사람 그대로 살아서는 안됩니다.

하나님의 자녀는 하나님의 자녀답게 살아야 합니다.

너희는 유혹의 욕심을 따라 썩어져 가는 구습을 좇는 옛 사람을 벗
어버리고 오직 심령으로 새롭게 되어 하나님을 따라 의와 진리의
거룩함으로 지으심을 받은 새 사람을 입으라(엡 4:22~24)

귀 있는 자는 성령이 교회들에게 하시는 말씀을 들으라

귀 없는 사람이 어디 있습니까? 귀는 모두 있되 제각기 듣는 것은 다릅니다.
한 반에서 같은 선생님의 강의를 들어도 귀담아 듣는 학생이 있고 흘려듣는
학생이 있습니다.

이스라엘 백성이 광야에서 원망하다가 불뱀에게 물려 많이 죽었습니다.
모세가 하나님께 간구하자 하나님께서는 구원의 길을 열어주셨습니다.
놋뱀을 만들어 장대에 달고 쳐다보라는 것입니다.

쳐다보는 자는 살고, 쳐다보지 않는 자는 죽는다는 어쩌면 가장 쉽고,
어쩌면 상식에 맞지 않는 무지한 말이라 그대로 따라하기 가장 힘든
일인지도 모릅니다. 결과는 그 말을 듣고 쳐다본 사람은 모두 살았습니다.

똑같은 귀를 가지고 똑같은 내용의 말을 들었으나 믿음의 귀가 있는 자는
구원을 받았고 믿음의 귀를 닫고 육신의 귀만 예민했던 사람들은 모두
죽었습니다.

오늘도 구원의 메시지는 선포되고 있습니다. 경고의 메시지도 선포되고,
축복의 메시지도 선포되고 있습니다.

귀 있는 자가 됩시다. 영적인 귀, 믿음의 귀, 성령의 감동으로 들려주시는
하나님의 음성에 귀를 엽시다.

귀 있는 자는 성령이 교회들에게 하시는 말씀을 들을지어다 이기는
그에게는 내가 하나님의 낙원에 있는 생명나무의 과실을 주어 먹게
하리래(계 2:7)

∘복(福)∙이∙되∙는∙일∘

자신을 하나님 앞에 드리기를 힘쓰라

드리는 것은 아랫사람이 윗사람에게 하는 것입니다. 천한 사람이 귀한
분에게 하는 것입니다. 그렇기 때문에 아무거나 드려도 안되고 좋은 것이라
하더라도 무성의하게 드려서도 안됩니다. 드린다는 것은 좋은 것을 정성을
다해 드리는 것을 말합니다.

드리는 것은 구별합니다. 같은 물건이라도 흠이 없고 깨끗한 것을 골라서
드립니다. 내가 쓸 것 같으면 조금 흠이 있어도 무방하지만 드릴 물건은
세심히 살핍니다.

드릴 것은 포장에도 신경을 씁니다. 아무 데나 넣어드리지 않고 예쁜
포장지에 포장하고 때로는 리본도 매서 모양을 냅니다. 정성을 기울이는
것입니다.

우리는 하나님께 드릴 것이 많습니다. 모든 것을 하나님께서 주셨기
때문입니다. 물질도 드립니다. 시간도 드립니다. 재능도 드립니다. 그러나
최고는 나 자신을 모두 하나님께 드리는 것입니다. 그것도 부끄러울 것이
없는 깨끗한 상태로 드리는 것입니다.

네가 진리의 말씀을 옳게 분변하며 부끄러울 것이 없는 일꾼으로
인정된 자로 자신을 하나님 앞에 드리기를 힘쓰라(딤후 2:15)

°순•종•의•열•매• I •

떡과 잔을 나누며 나를 기념하라

기념일이 많습니다. 개인적인 기념일도 있고 가정의 기념일, 교회의 기념일, 학교의 기념일, 회사의 기념일, 국가의 기념일 등 우리는 계속되는 기념일을 맞으며 그날을 되새깁니다.

새해에 카렌다를 받으면 빨간 색으로 구별된 기념일을 살펴봅니다. 빨간 색이 많으면 좋아합니다. 빨간 색이 겹쳐 있으면 더 좋아합니다. 빨간 색이 주중에 있어야 하는데 주일날로 겹쳐버리면 아쉬워합니다. 사람은 참 놀기를 좋아합니다.

기념일의 공통적인 것은 귀한 날이라는 것입니다. 개인적으로는 세상에 첫발을 딛은 생일, 일생의 반려자를 만나는 결혼기념일, 교회나 회사의 경우는 그 역사가 시작된 창립기념일, 국가는 국가의 생일, 나라를 되찾은 해방의 날 등 중요하지 않은 날이 없습니다.

그러나 인생 최고의 기념이 있습니다. 죽음에서 옮겨 생명으로 나아가는 길을 여는 예식입니다. 예수 그리스도의 살과 피를 기념함으로 죄에서 벗어나 의로 옮겨지고 사망에서 벗어나 영생으로 나아가는 최고의 예식입니다. 성만찬의 예식은 인생 최고의 고귀한 기념입니다.

또 떡을 가져 사례하시고 떼어 저희에게 주시며 가라사대 이것은 너희를 위하여 주는 내 몸이라 너희가 이를 행하여 나를 기념하라(눅 22:19)

· 복(福) · 이 · 되 · 는 · 일 ·

고의로 살인한 자는 죽이라

이 세상에서 가장 악한 것이 있다면 고의로 계획적으로 저지른 죄일

것입니다. 많고 많은 사고와 사건이 오늘도 꼬리를 물고 일어나고 있습니다.

신문을 펼쳐보기가 두렵고 TV 앞에 앉기가 망설여집니다.

승용차를 후진하다가 뒤에 계신 어머니를 보지 못해 어머니를 돌아가시게

한 딸의 통곡소리를 듣습니다. 도사견을 느슨하게 묶어 놓았다가 이웃집

아이를 물어죽게 한 슬픈 소식도 있습니다. 이들 모두는 부주의로 일어난

안타까운 소식입니다. 부주의한 그들에게 책임도 묻게 되지만 한편으로는

참 안됐다는 동정의 마음이 있습니다.

그러나 용서 못할 죄인도 있습니다. 천진난만한 어린아이를 유괴하고

살려달라는 애원을 무시한 채 고의로, 계획적으로 살해하는 죄인이 있습니다.

하나님은 자비하셔서 실수로 살인한 사에게는 여섯 성읍이나 되는

도피성을 마련하셔서 그들에게 피할 길을 주셨습니다.

그러나 고의로 살인한 자는 반드시 죽이라 하셨습니다.

재판관이 아닌 저로서는 오늘날 어떤 판결을 내릴지 법률을 전공하지 못해

모르나 고의로 하는 죄는 살인이건 그 어떤 것이든 하나님께서 싫어하시는

것은 분명합니다.

만일 철 연장으로 사람을 쳐죽이면 이는 고살한 자니 그 고살자를
반드시 죽일 것이요(민 35:16)

선 줄로 생각하는 자는 넘어질까 조심하라

"나는 아직 부족한 사람이다"라고 말하는 사람이 넘어지는 경우는 좀처럼 없습니다. "나는 아직 배울 것이 많다"라고 생각하는 사람이 교만해지는 경우는 없습니다.

산을 다녀보면 종종 발을 헛디뎌서 어려움을 당할 때가 있습니다. 그런데 이상한 것은 험한 곳에서는 그런 실수가 거의 없습니다. 날이 어두워 랜턴을 비추고 갈 때가 더 위험할 것 같은데 그럴 때 발을 삔 경우는 없었습니다. 험한 코스가 끝나고 이제 길이 좀 평탄해졌을 때 오히려 사고가 더 많습니다.

모든 사고는 "이제는 됐다", "이만하면 나도 제법이다", "어디 나만한 사람 있나?" 할 때 일어납니다.

교만은 패망의 선봉이라 했습니다.

그리스도인은 끝까지 겸손해야 합니다. 아무리 높이 올라가도 겸손해야 하고, 아무리 많이 배워도 부족하게 생각해야 합니다.

늘 목말라 해야 합니다. 은혜에 목마르고, 봉사에 목마르고, 사랑에 목말라야 합니다. 죽을 때까지 언제나 남을 나보다 낫게 여기고 섬기는 자세로 살아야 합니다.

그래야 넘어지지 않습니다.

그런즉 선 줄로 생각하는 자는 넘어질까 조심하라(고전 10:12)

∘복(福)∘이∘되∘는∘일∘

네 품에 누운 여인에게라도 입의 문을 지키라

사람이 진정으로 자신의 어려움과 속에 있는 것들을 토해놓고 의지할 대상이 어디 있을까요? 가족도 있고 이웃도 있고 친구도 있고 형제도 있지만 진정으로 의지할 대상은 없다고 성경은 말씀하십니다. 물론 형제를 사랑하고, 이웃과 가까이 지내고 친구와 고락을 같이 해야 하지만 그들을 의지하고 내 일생을 의지하고 맡겨서는 안 된다는 것입니다.

오직 하나님만이 믿을 수 있는 분이며 장래의 소망이 되시는 분입니다. 사람이 사람을 의지하면 서로 얽혀서 제대로 뻗어나갈 수가 없습니다. 소경이 소경을 인도하듯 같이 구덩이에 빠지고, 한 번도 가보지 못한 험한 인생 길을 피차 서로 모르고 가면서 누가 누구를 의지한단 말입니까? 삼손은 이스라엘의 사사이면서도 들릴라의 무릎을 떠나지 못했습니다. 들릴라의 품을 의지하다가 입을 열고 말았습니다. 입의 문을 지키지 못하고 실패하고 말았습니다.
내일 일을 모르는 연약한 인생들이 믿고 의지할 분은 오직 하나님밖에 없습니다.

너희는 이웃을 믿지 말며 친구를 의지하지 말며 네 품에 누운 여인
에게라도 네 입의 문을 지킬지어다(미 7:5)

자기 손으로 수고하여 선한 일을 하라

자기는 일하지 않고 거저 먹으려는 사람들이 있습니다. 조금 나은 사람은 조금 일하고 많이 먹으려 합니다.

축구에서도 부지런히 뛰는 선수에게 찬스가 옵니다. 골을 많이 넣는 선수들의 공통점은 부지런히 뛰어다닌다는 것입니다. 문전 혼전 중에 우연히 굴러 들어오는 찬스는 극히 적습니다. 그런 우연을 기다리는 선수를 감독은 그냥 두지 않습니다.

인생은 축구와도 같습니다. 겹겹이 둘러쳐진 적의 방해를 뚫고 나가야 합니다. 나 혼자 할 수도 없습니다. 동료를 돕기도 하고, 도움을 받기도 하면서 골문을 향해 돌진해야 합니다.

부지런해야 합니다. 수고해야 합니다. 동료를 위해 패스를 해야 합니다. 적을 막기 위해서는 몸을 날려야 합니다.

그리스도인은 부지런해야 합니다. 남이 해놓은 것을 거저 먹으려 하면 안됩니다. 땀을 흘려야 합니다. 그래야 남을 도울 수 있습니다.

하이에나처럼 남이 잡은 고기를 가로채지 말고, 힘들더라도 사자처럼 부지런히 뛰어야 합니다.

도적질하는 자는 다시 도적질하지 말고 돌이켜 빈궁한 자에게 구제 할 것이 있기 위하여 제 손으로 수고하여 선한 일을 하라(엡 4:28)

∘복(福)∙이∙되∙는∙일∘

선한 사업에 부하고 나눠주기를 좋아하고
동정하는 자가 되라

이 시대를 향한 하나님의 명령이 있습니다.

먼저 선한 사업에 부자가 되라는 것입니다. 사업을 하되 선한 사업을 하라는 것입니다. 남을 유익하게 하는 사업을 해야 합니다. 술을 팔아 사람을 취하게 해서 가정을 파괴하고, 술 취한 손으로 핸들을 잡게 해서 무고한 사람이 희생되는 사업은 없어져야 할 것입니다. 다음은 나눠주기를 좋아하라고 하셨습니다. 움켜쥐지 말고 손을 펴라는 것입니다. 아브라함은 손을 펴고 살았습니다. 이 펴진 손을 보시고 하나님께서는 자꾸만 복을 주셨습니다. 미국은 복 받은 나라입니다. 미국의 특징은 잘 나눠주는데 있습니다. 어려운 나라를 잘 돕습니다. 자꾸만 퍼다 줍니다. 이 퍼다 주는 손을 보시고 하나님께서는 계속해서 복을 내려주셨습니다. 세 번째는 동정하는 자가 되라고 하십니다. 사람은 눈이 부드러워야 합니다. 동정의 눈빛으로 세상을 보아야 합니다. 사람은 마음이 따뜻해야 합니다. 언제나 훈훈한 봄바람이 불어야 합니다.

할 일도 많고, 주위에 어려운 분도 많고, 불쌍한 분들도 많습니다. "거저 받았으니 거저 주어라"는 말씀이 생각납니다.

선한 일을 행하고 선한 사업에 부하고 나눠주기를 좋아하며 동정하는 자가 되게 하라(딤전 6:18)

○순○종○의○열○매○Ⅰ○

그리스도의 평강이 너희 마음을 주장하게 하라

무엇이 우리의 마음을 주장하고 있습니까? 사람은 제각기 마음을 주장하고 있는 세력이 있습니다. 오직 잘 사는데 마음을 뺏긴 사람이 있습니다. 잘 사는 것이 나쁜 것이 아니나 거기에 마음을 빼앗기고 있는 것이 잘못입니다. 출세가 마음을 주장하고 있는 사람이 있습니다. 출세도 나쁜 것은 아니지만 출세에 마음을 빼앗기면 친구도, 이웃도 없습니다. 도덕도 양심도 아랑곳하지 않고 수단 방법을 가리지 않게 됩니다.

어떤 것이 마음을 주장하고 있느냐에 따라 사람이 달라집니다. 겉보기에는 차이가 없어도 마음을 주장하고 있는 것에 따라 성자도 되고 탕자도 됩니다. 평화의 사도도 되고 폭력의 괴수도 됩니다. 마음을 잘 지켜야 합니다.

골키퍼는 골문을 잘 지켜야 하듯이 사람은 마음을 잘 지켜야 합니다. 아무 것이나 들어와 마음을 주장하게 해서는 안됩니다.

하나님의 말씀은 우리의 마음을 어떤 것이 주장해야 하는지 말씀해 주고 있습니다.

그리스도의 평강이 마음을 주장하게 하라고 말씀하십니다.

평강을 위하여 우리가 부르심을 받았다고 말씀하십니다.

그리스도의 평강이 너희 마음을 주장하게 하라 평강을 위하여 너희가 한몸으로 부르심을 받았나니 또한 너희는 감사하는 자가 되래(골 3:15)

∘복(福)∘이∘되∘는∘일∘

여호와의 말씀을 가감하지 말고 지키라

이 세상에 사람이 만들어 놓은 것은 완전한 것이 없습니다.

써보면 부족한 부분이 있습니다. 그래서 개량형이 나옵니다. 약점을

보완해서 이것은 완전하다고 소개합니다. 그러나 그것도 얼마 못 가서

부족한 부분이 드러납니다. 물건뿐 아니라 법률도 마찬가지입니다.

전문가들이 머리를 맞대고 완전하다고 인정해서 내놓지만 이내 모순이

발견되고 시대에 맞지 않고 윤리와 도덕에도 맞지 않아 수정하게 됩니다.

그래서 개정안도 나오고 수정안도 나옵니다. 개헌을 하기도 합니다.

책도 그렇고 철학도 그렇습니다. 사상도 그렇고 논리도 그렇습니다.

지도자가 바뀌면 제도도 바뀝니다. 시대가 바뀌면 생각도 바뀝니다.

그러나 오직 변치 아니하는 유일한 것이 있습니다. 수천 년이 지나도 변하지

않고, 시대가 변하고 가치관이 변해도 조금도 변하지 않는 것이 있습니다.

곧 하나님의 말씀입니다. 하나님의 말씀은 말을 타고 다니던 옛날이나

인공위성이 우주를 날아다니는 오늘이나 변함이 없습니다. 단 한 구절도

시대에 맞지 않아 뺄 것도 없고 부족해서 더할 것도 없습니다.

하나님의 말씀은 완전합니다.

내가 너희에게 명하는 말을 너희는 가감하지 말고 내가 너희에게
명하는 너희 하나님 여호와의 명령을 지키라(신 4:2)

∘순∘종∘의∘열∘매∘Ⅰ∘

예수를 깊이 생각하라

무엇을 깊이 생각하십니까? 장래를 깊이 생각하십니까? 배우자를
선택하느라 깊이 생각하시나요? 어떤 학과를 선택해야 적성에 맞을지 깊이
생각하시나요? 물론 깊이 생각하고 결정해야 할 중요한 일들입니다.
중요한 일은 깊이 생각합니다. 깊이 생각하고 결정한 일은 잘못될 확률이
적습니다. 사람은 생각하는 대로 결정하게 됩니다. 생각하는 대로 행동이
따라갑니다. 그렇기 때문에 좋은 생각을 해야 합니다. 좋은 생각을 하면
좋은 행동을 하게 되고 좋은 열매를 거두게 됩니다.
그러나 나쁜 생각을 하면 나쁜 행동을 하게 되고 악한 열매를 맺게 됩니다.
생각은 반드시 결과를 낳습니다. 생각은 씨앗과도 같습니다. 심는 대로
열매를 거두게 됩니다.

무엇이 가장 귀하다고 생각하십니까? 생명입니까? 생명보다 귀한 것이
있습니다. 예수 그리스도! 예수는 생명의 근원이십니다.
예수를 깊이 생각하면 예수의 형상을 닮게 됩니다.

그러므로 함께 하늘의 부르심을 입은 거룩한 형제들아 우리의 믿는
도리의 사도시며 대제사장이신 예수를 깊이 생각하라(히 3:1)

•복(福)•이•되•는•일•

주 여호와 앞에서 잠잠하라

사람은 입을 적게 열수록 좋습니다. 입을 자주 열어서 유익한 경우보다는
해로울 때가 더 많습니다. 잠언은 입에 대한 말씀으로 가득 차 있습니다.
그만큼 입이 중요하기 때문입니다.

"말이 많으면 허물을 면키 어려우나 그 입술을 제어하는 자는 지혜가
있느니라." "두루 다니며 한담하는 자는 남의 비밀을 누설하나 마음이
신실한 자는 그런 것을 숨기느니라." "악인은 입술의 허물로 인하여 그물에
걸려도 의인은 환난에서 벗어나느니라." "입을 지키는 자는 그 생명을
보전하나 입술을 크게 벌리는 자에게는 멸망이 오느니라." "말을 아끼는
자는 지식이 있고 성품이 안존한 자는 명철하니라." "미련한 자라도
잠잠하면 지혜로운 자로 여기우고 그 입술을 닫히면 슬기로운 자로
여기우느니라." "두루 다니며 한담하는 자는 남의 비밀을 누설하나니
입술을 벌린 자를 사귀지 말지니라."

우리는 입을 적게 벌리는 연습을 해야 합니다. 특히 하나님 앞에서는 더욱
삼가야 합니다.

"죽고 사는 것이 혀의 권세에 달렸나니 혀를 쓰기 좋아하는 자는 그 열매를
먹으리라."

> 주 여호와 앞에서 잠잠할지어다. 이는 여호와의 날이 가까웠으므로
> 여호와가 희생을 준비하고 그 청할 자를 구별하였음이니라(습 1:7)

고난을 당하면 부끄러워 말고
하나님께 영광을 돌리라

TV 뉴스에 죄를 지은 분들이 끌려들어오는 광경이 비쳐졌습니다. 모두 다 한결같이 상의를 머리까지 뒤집어쓰고 얼굴을 보이지 않으려고 안간힘을 쓰고 있었습니다. 부끄러운 모습들이었습니다.

자기의 욕심을 채우기 위해 남의 것을 빼앗고, 자신의 욕망을 채우기 위해 남을 해치다 붙들려서 고난과 수치를 당하는 모습들이었습니다.

그러나 의로운 고난도 있습니다. 의를 위해 핍박을 받는 분들입니다.

사도들은 의를 위해 핍박을 받았습니다. 위협도 당하고 매도 맞았습니다.

그러나 부끄러워하지 않았습니다. 도리어 기뻐했습니다. 감사했습니다.

요즘은 좋은 세상에 살고 있습니다. 예수 그리스도를 전해도 매맞거나 핍박당하는 경우가 많지 않습니다. 선교사님들은 많은 고난을 받겠지만 우리는 그렇지 않습니다.

그러나 오늘도 삶의 현장에서, 불신 가정에서, 불신자 상사로부터 그리스도로 인해 고난 당하는 경우가 있을 것입니다.

이럴 때 부끄러워하지 말고 감사하며 하나님께 영광을 돌리라고 하셨습니다.

만일 그리스도인으로 고난을 받은즉 부끄러워 말고 도리어 그 이름
으로 하나님께 영광을 돌리래(벧전 4:16)

• 복(福) • 이 • 되 • 는 • 일 •

나그네로 있을 때를 두려움으로 지내라

우리는 나그네입니다. 나그네는 지금 있는 곳이 영원한 자기 집이 아닙니다.
또다시 떠나야 할 몸입니다. 그러기에 나그네는 언제나 떠날 준비가 되어
있어야 합니다.

나그네의 짐 보따리는 가벼워야 합니다. 그래야 떠나기가 쉽습니다. 그러나
사람들은 자신이 나그네임을 잊고 살아갑니다.

하룻밤 머물고 떠날 장막인 줄 모르고 천년 만년 살 것처럼 욕심을
부립니다. 떠나면 그만인 장막을 꾸미느라 정신이 없습니다. 금은 보석을
바르고 온갖 좋은 것들을 다 갖다놓습니다.

나그네는 옷차림이 간편해야 합니다. 그러나 가지가지 옷으로 몸을
단장합니다. 떠날 때는 다 두고 갈 옷들을 이것저것 사다 걸어놓습니다.

나그네는 본향을 사모해야 합니다. 본향에 있는 영원한 것들을 바라보고
오늘을 살아야 합니다. 본향으로 가는 길을 알아두고 본향으로 갈 때까지
필요한 것이 무엇인지 준비해야 합니다.

성경은 말씀하십니다.

"나그네로 있을 때를 두려움으로 지내라."

외모로 보시지 않고 각 사람의 행위대로 판단하시는 자를 너희가 아버
지라 부른즉 너희의 나그네로 있을 때를 두려움으로 지내라(벧전 1:17)

자기의 유익을 구하지 말고 남의 유익을 구하라

중학교 다니는 딸아이가 요즘 학교에서 자주 쓰는 말 하나를 제게 일러 주었습니다. "너의 불행이 곧 나의 행복"이란 말입니다. 친구가 시험을 망치면 그것이 나의 행복이 되고, 친구가 실기시험에서 실수를 하는 순간이 나의 행복의 순간이라는 것입니다.

어쩌다 교육이 이 지경까지 왔을까요? 네가 시험에 떨어져야 내가 들어가게 되고 보니 그렇게 되지 않았나 생각합니다. 시험을 잘 봐도 잘 봤다는 말을 할 수가 없다는 것입니다. 그러면 미움받는다는 것입니다. 예전에는 사정이 있어 결석을 하면 필기한 노트 빌리기가 쉬웠습니다. 그러나 지금은 하늘의 별 따기라는 것입니다.

"나는 손해보더라도 네가 잘 되어야지"에서 "나도 잘되고 너도 잘되어야지"로 발전했다가 "나만 잘하면 그만이지 너야 어떻든 신경 쓸 시간 없다"로 발전해서 오늘날은 "네가 잘못되어야 내가 잘된다"로 변해버렸으니 참으로 안타까운 일입니다.

그러나, 다 그렇지는 않겠죠? 좋은 학생도 많으리라 생각합니다.

그리스도인의 삶은 먼저 남을 돌아보는 눈이 밝아야 합니다.

남의 유익을 먼저 구하는 삶! 그리스도인의 삶일 것입니다.

누구든지 자기의 유익을 구치 말고 남의 유익을 구하라(고전 10:24)

∘복(福)∘이∘되∘는∘일∘

스스로 삼가고 마음을 힘써 지키라

마음을 지키기가 가장 어렵습니다. 집을 지키기도 쉽고 성을 지키기도 쉽습니다. 집은 문단속을 잘하면 되고 성은 깨어 지키면 됩니다.

복싱 챔피언은 챔피언 자리를 지키기가 얼마나 어려운지 고통을 토로한 일이 있습니다. 마음대로 먹을 수도 없고 하루도 훈련을 게을리 해서도 안됩니다. 그래도 챔피언들이 훈련과 정신 무장만 제대로 하면 챔피언 벨트를 지킬 수 있습니다.

그러나 마음은 얼마나 지키기 어려운지 모릅니다. 마음은 약점이 많습니다. 사방으로 문이 열려 있습니다. 어떤 것이나 쉽게 침입해 올 수 있습니다. 집은 침입의 통로가 별로 없습니다. 몇 군데만 잘 단속하면 안전합니다. 성벽도 취약지역이 많지 않습니다. 그곳에 용감한 군사들을 집중배치하고 경계를 철저히 하면 지켜낼 수 있습니다. 그러나 마음은 허점투성이 입니다. 그래서 힘써 지켜야 합니다. 하나님께서 내게 베푸신 은혜를 기억하고, 옛 선진들의 삶을 늘 거울삼아 깨어 지켜야 합니다. 기도로 깨어 있는 자만이 마음을 지켜낼 수 있습니다.

> 오직 너는 스스로 삼가며 네 마음을 힘써 지키라 두렵건대 네가 그 목도한 일을 잊어버릴까 하노라 두렵건대 네 생존하는 날 동안에 그 일들이 네 마음에서 떠날까 하노라 너는 그 일들을 네 아들들과 네 손자들에게 알게 하라(신 4:9)

자녀들아 부모를 주안에서 순종하라

부모님은 지금 천국에 계십니다. 아버지는 우리 가정에 믿음을 심어 주셨고
어머니는 희생을 심고 가셨습니다. 두 분의 삶은 너무나 아름다우셨습니다.
그야말로 신앙인의 모범을 보이시고 하늘나라로 가셨습니다. 안타까운 것은
한 번도 제대로 효도하지 못한 것 같아 마음이 아픕니다.

어머니는 여섯 살에 부엌에 들어가 일과 손을 잡으신 이후로 평생을 희생과
눈물로 살다 가셨습니다. 어려운 시대에 태어나시고, 가난한 유복자에게
시집오셔서 까다롭기로 소문난 시어머니 밑에서 사셨습니다. 밤이 늦도록
호롱불 아래서 길쌈을 하시고 자리에 누우면 시어머니가 아들과 며느리
사이에 누워 주무셨다는 것입니다. 오늘날은 상상도 할 수 없는 일이었지요.
어떻게 제가 태어나게 되었는지 기적 같습니다. 기도가 아니면 이겨낼 수
없는 삶을 사셨습니다. 어머니는 몇 년을 벼르고 별러 사신 재봉틀에 여인의
한을 달랬습니다. 답답해도 재봉틀을 돌리고 눈물이 나도 재봉틀을
돌렸습니다. 그 재봉틀에 설움도 싣고, 한숨도 박아냈습니다. 그 재봉틀이
지금 제게 있습니다. 어머니가 보고 싶을 때면 꺼내서 돌려봅니다.

순종하지 못한 지난날의 삶을 재봉틀 실밥 한 줄에 눈물 어린 눈으로
박아봅니다. 계실 때 순종하세요. 주안에서 순종하세요.

자녀들아 너희 부모를 주안에서 순종하라 이것이 옳으니래(엡 6:1)

• 복(福) • 이 • 되 • 는 • 일 •

자기의 소위를 살펴보라

바쁘지 않은 사람이 없습니다. 새벽길을 나서보면 벌써부터 버스에 사람이 많습니다. 저녁 늦게 막차를 타고 집으로 돌아온 일이 있습니다. 12시가 다 되가는 늦은 밤인데도 앉을 자리가 없었습니다.

어른만 바쁜 것이 아닙니다. 입시 준비하는 중고생들도 바쁘고 초등학생까지 예외가 아닙니다. 학교 공부, 숙제, 과외, 피아노, 미술, 컴퓨터, 영어에 이르기까지 숨가쁘게 돌아갑니다. 대학을 졸업해도 취업 준비에 바쁘고, 실력이 우수해도 면접이 차지하는 비중이 커져서 면접을 잘 보는 방법을 가르치는 학원이 성시를 이루고 있다고 들었습니다.

죽은 사람과 병원에 입원한 사람 빼고는 모두가 바쁩니다.

그러나 누구를 위해 바쁩니까? 모두가 자기를 위해 바쁩니다. 출세, 부자, 권세, 명예, 인기를 위해 몸부림치고 있습니다.

물론 남을 위해 사는 분들도 계시지만 나는 어떤 삶을 살고 있는지 점검해 봅니다.

"자기의 소위를 살펴보라"는 말씀은 자신의 부의 축적을 위해서는 혼신의 노력을 하지만 하나님을 섬기는 일에는 등한한 우리를 향한 음성입니다.

그러므로 이제 나 만군의 여호와가 말하노니 너희는 자기의 소위를 살펴볼지니라(학 1:5)

시와 찬미와 신령한 노래를 부르라

TV 쇼프로그램을 잠시 보았습니다. 젊은 가수들이 이상한 머리와 요상한 옷차림을 하고 괴상한 노래를 부르고 있었습니다. 노래는 노래인 것 같은데 가사를 알아들을 수가 없었습니다. 대체 어떤 노래인지 들어볼 양으로 가사에 바짝 신경을 써서 들어보았습니다. 그러나 가끔 한 두 마디는 알아듣겠는데 모두를 알아들을 수 없었습니다. 그러나 공연장에 모인 청소년들은 열광하고 있었습니다.

제가 청소년들의 문화를 이해하지 못해서 그럴까요? 시대에 뒤떨어진 낡은 사고방식을 가지고 있어서 무조건 비판하는 것일까요? 똑같은 청소년 시절을 지나온 사람으로서 요즘의 시대를 이해해 보려고 노력은 합니다. 그렇지만 잠시 반짝 히트했다가 어느 새 기억저편으로 사라져 버리는 의미도, 사상도, 깊이도 없는 감각적인 음악에 빠져 삶의 의미도, 삶의 사상도, 깊이도, 감각도, 같이 무디어져 가는 인생이 만들어질까 봐 걱정이 됩니다. "시와 찬미와 신령한 노래를 부르라"고 하나님께서는 권고하십니다. 삶을 아름답게 하고, 풍요롭게 하고, 깊게 하는 참 행복의 길! 시와 찬미와 신령한 노래를 부르는 자의 몫입니다.

그리스도의 말씀이 너희 속에 풍성히 거하여 모든 지혜로 피차 가
르치며 권면하고 시와 찬미와 신령한 노래를 부르며 마음에 감사함
으로 하나님을 찬양하고(골 3:16)

모든 것을 하나님께서 일러주신 대로 만들라

모든 시공은 설계대로 해야 합니다. 시간이 오래 걸리고 까다롭더라도
설계도에 명시된 그대로 시공해야 합니다. 그래야 무너지지 않습니다.
성수대교가 끊어져 나가고 삼풍백화점이 무너져 내리고, 개통한지 한 달도
안된 지하철이 비가 새고, 고속전철 교각에 균열이 가는 것도 다름 아닌
설계대로 시공하지 않은 부실 공사가 원인입니다. 철근을 빼돌리고, 시멘트
비율을 줄이고, 제대로 된 모래를 쓰지 않고, 양생되기까지의 시간을
기다리지 않고 조급하게 진행하는 실수가 엄청난 사고를 불러옵니다.
수백 년의 세월이 흘렀는데도 변함없이 서 있는 옛날의 건물들을 보면서
기술도, 장비도, 조건도 옛날에 비해 월등히 좋아졌지만 건물의 수명은
중학교도 졸업할 나이가 아닌데도 휘청거리는 오늘의 양심이 안타깝습니다.

하나님은 설계자십니다. 하나하나 구체적으로 지시하셨습니다. 성막도,
번제단도, 제사장의 옷도 치수와 색깔까지 세심하게 설계하시고 그대로
만들도록 하셨습니다. 하나님께서는 우리의 삶도 설계하시고, 성경이라는
설계도면을 주시고 그대로 살라고 하십니다.
설계도대로 사는 삶! 승리의 삶입니다.

너는 삼가 이 산에서 네게 보인 식양대로 할찌니라(출 25:40)

예수를 바라보라

무엇을 바라보며 사십니까? 사람은 무언가를 바라보고 살면 그것이 힘이

됩니다. 내일을 바라보고 살면 오늘을 참을 수 있습니다.

군인은 제대 날을 바라보며 삽니다. 그래서 제대시기가 다가오면

모자챙에다 달력을 그려 넣고 하루하루 지우며 병영생활을 견뎌나갑니다.

후배들에게 얼마 안 남은 날짜를 보여 주며 자랑합니다. 취침자리에 들면서

또 하루를 지우며 이렇게 말합니다. "거꾸로 매달아도 국방부 시계는 간다."

자식을 바라보고 사는 부모는 힘든 일도 참습니다. 자식이 성공하기를

기원하며 희생합니다. 돈을 바라보고 사는 사람은 피곤한 줄 모릅니다.

새벽같이 나가고 밤늦게 돌아와도 즐거워합니다. 권세를 바라보는 사람은

온갖 비난도 견뎌냅니다. 누가 뭐라고 해도 가던 길을 멈추지 않습니다.

그러나 이런 것들을 바라보며 일생을 따라갔던 사람들의 한결같은 고백은

헛되다는 것입니다. 자식도, 돈도, 권세도 나를 만족시키지 못합니다.

가을 바람에 낙엽이 지듯 바라보았던 꿈들은 떨어지고 맙니다.

예수를 바라보았다가 잘못된 사람은 아무도 없습니다.

오직 예수만이 신실한 약속이 되십니다.

믿음의 주요 또 온전케 하시는 이인 예수를 바라보자 저는 그 앞에
있는 즐거움을 위하여 십자가를 참으사 부끄러움을 개의치 아니하
시더니 하나님 보좌 우편에 앉으셨느니라(히 12:2)

여호와의 하신 일을 아들들과 손자들에게 알게 하라

비밀에 붙여 둘 일이 있고 반드시 알려서 기억하게 해야 할 일이 있습니다.
남의 허물은 여기저기 알릴 필요가 없습니다. 남의 실수를 알릴 필요도
없습니다. 누가 어쨌네, 누가 저쨌네 하고 신이 나서 알리고 다니는 사람이
많습니다. 들어봐야 별 것 아니고 알려봐야 아무런 유익도 없고 오히려
상처만 있을 일들을 왜 그렇게 알리고 싶어하는지 알 수 없습니다.

오히려 꼭 알려야 할 일에 대해서는 관심이 없고 헛되고 헛된 소문들을
이 집 저 집 알리러 다니느라 눈썹을 휘날리며 다니는 사람들이 많습니다.
잠언에는 "두루 다니며 한담하는 자는 남의 비밀을 누설하나 마음이 신실한
자는 그런 것을 숨기느니라"고 했습니다. "아름다운 여인이 삼가지
아니하는 것은 마치 돼지코에 금고리 같으니라"고 했습니다.

그러나 꼭 알려야 할 일이 있습니다. 반드시 알려서 기억하게 해야 할 일이
있습니다. 하나님의 역사입니다. 애굽의 장자를 치신 일, 홍해를 가르신 일,
반석에서 물을 내신 일, 불순종의 결과로 오는 재앙들, 불기둥 구름기둥으로
인도하시는 하나님의 손길들, 이런 것들은 아들은 물론 손자에게까지
반드시 알리라 하셨습니다.

오직 너는 스스로 삼가며 네 마음을 힘써 지키라 두렵건대 네가 그
목도한 일을 잊어버릴까 하노라 두렵건대 네 생존하는 날 동안에
그 일들이 네 마음에서 떠날까 하노라 너는 그 일들을 네 아들들과
네 손자들에게 알게 하라(신 4:9)

맡기운 자들에게 주장하는 자세를 취하지 말고
양무리의 본이 되라

가장 좋은 교육은 몸으로 보여 주는 교육입니다. 일찍 일어나라 하지 않고 자신이 언제나 일찍 일어나는 것입니다. 희생하라 하지 않고 자신이 언제나 희생하는 모습을 보여 주는 것입니다. 사랑하라 하지 않고 삶에서 언제나 사랑을 베푸는 것입니다.

손님대접을 잘하는 집사님 부부가 계셨습니다. 여름성경학교는 물론이고 보통 때도 대접을 잘 하십니다. 교사들도 초대하고, 성가대도 초대합니다. 그 집사님 댁에는 언제나 웃음이 떠나지 않습니다. 그런데 그 집사님 아이들도 부모를 닮았습니다. 모습뿐 아니라 삶이 닮았습니다. 친구들을 불러다가 잘 먹입니다. 부모님이 어른들 대접하려고 사다 놓은 것도 모르고 친구들에게 대접합니다. 자연스럽게 부모의 삶을 본받는 것입니다.

부모가 기도하면 자녀도 따라합니다. 스승이 본을 보이면 제자도 따라합니다. 지도자가 희생하면 백성도 희생을 당연한 것으로 알고 본을 받습니다.

아랫사람에게 주장하는 자세를 취하지 말라고 하십니다. 오히려 모범을 보이라고 하십니다. 그래야 존경받고, 그래야 그들이 따라올 것입니다.

맡기운 자들에게 주장하는 자세를 취하지 말고 오직 양무리의 본이 되라(벧전 5:3)

˙복(福)˙이˙되˙는˙일˙

여호와의 전을 건축하라

이 땅에는 여호와의 전이 많이 세워져야 합니다.

어떤 분이 이런 말을 했습니다. 교회가 너무 많다는 것입니다. 보이는 것이
십자가라는 것입니다. 무슨 소리냐고 반문을 했습니다. 교회가 아니었던들
우리 나라가 이렇게 기적적인 성장을 이루었으며 도덕성이나, 교육이나,
예술이나, 문화가 잠을 깼겠느냐고 물었습니다.

이 땅에 교회가 없다고 상상해 보십시오 어떤 세상이 되겠습니까? 물론
성도들이 세상의 빛과 소금이 되지 못한 아쉬움은 있습니다. 그러나 교회는
보이지 않는 부분에서 나라를 이끌어 가고 지탱해 나가고 있습니다.

교회는 더 세워져야 합니다. 교회는 지상에 세워진 하나님의 나라입니다.
하나님은 교회를 통해 복을 주시고 하나님의 계획을 실현하십니다. 교회가
없는 이북 땅을 보십시오 죽음의 땅입니다. 교회 문을 억지로 닫았던
구 소련은 오히려 국가의 문을 닫고 말았습니다.

여호와의 전을 건축해야 합니다. 이 땅에 찬송 소리가 더 크게 울려야
합니다. 이 땅에 부르짖는 기도 소리가 늘어나야 합니다. 그래야 나라가
살고 우리가 삽니다.

너희는 산에 올라가서 나무를 가져다가 전을 건축하라 그리하면 내
가 그로 인하여 기뻐하고 또 영광을 얻으리라 나 여호와가 말하였
느니라(학 1:8)

∘순∘종∘의∘열∘매∘Ⅰ∘

깊은 데로 가서 고기를 잡으라

사람은 자기 경험을 중요시합니다. 경험한 것에 대해서는 확신도 있고
자신도 있습니다. 그렇지만 자신이 경험하지 못한 것에 대해서는
불안해하고 하려고 들지 않습니다. 도시생활에 익숙한 사람은 흙을
두려워합니다. 흙에서 사는 사람들은 복잡한 도시생활을 두려워합니다.
자신의 경험을 넘어서 새로운 세계로 나가기가 쉽지 않습니다. 언덕을 떠나
푸른 바다 한가운데로 나가기가 쉽지 않습니다. 언제나 얕은 물가에서 놀던
사람이 태산같은 물결을 향해 노 저어 나가기가 쉽지 않습니다.
자신의 고정관념을 넘어서서 창조의 세계로 나가기가 쉽지 않습니다.
문밖을 나서면 사자가 으르렁대는 것도 아닌데 문밖을 뛰쳐나가기가 쉽지
않습니다.

베드로는 전문가였습니다. 고기잡이에 대해서는 누구 못지 않았습니다.
갈릴리 바다는 자신의 무대였습니다. 각본, 연출, 주연, 감독까지 할 수
있었습니다. 그러나 말씀에 순종했습니다. 고정관념을 뛰어넘었습니다.
자신의 경험 철학을 말씀 앞에 과감히 벗어 던졌습니다. 떠나야 합니다.
벗어 던져야 합니다. 내 고집과 자아를 말씀 앞에 내려놓아야 합니다.

말씀을 마치시고 시몬에게 이르시되 깊은 데로 가서 그물을 내려
고기를 잡으라(눅 5:4)

∘복(福)∙이∙되∙는∙일∘

등불을 끊이지 말고 켜두고 늘 점검하라

일회용보다는 지속적으로 사용하는 물건이 더 좋습니다. 생활 환경의
변화로 일회용이 많이 등장했습니다. 일회용 수저, 일회용 그릇, 일회용
모자, 일회용 방석, 일회용 기저귀도 나오고 드디어 일회용 카메라도
나왔습니다. 이러다 보니 일회용 파트너도 구하게 되고 일회용으로 이성을
사귀는 풍속도 생겨났습니다.

어느 나라는 계약 결혼이 있어서 살아보고 괜찮으면 계속 살고, 어느 한
부분이라도 맞지 않으면 미련 없이 헤어진다는 것입니다.

일회용을 좋아하면 안됩니다. 일회용의 정신으로 살아도 안됩니다.

영원한 존재요, 영원을 사모하며 살도록 지어진 인간이 달면 삼키고 쓰면
뱉어버리는 일회용 정신으로 살면 안됩니다.

짧게 보면 안됩니다. 길게 보고 멀리 보아야 합니다.

마귀는 빨리 주고 영원한 것을 빼앗아 갑니다. 그러나 하나님은 좋은 것을
절대 빨리 주시지 않습니다. 오래 참고 기다리는 자에게만 주십니다.

여호와의 등불을 끊이지 말고 계속해서 켜라고 하셨습니다.

세상의 빛으로서 여호와를 높이고, 세상의 빛으로 이 땅에 오실 예수
그리스도를 영원토록 바라보라는 뜻일 것입니다.

너는 또 이스라엘 자손에게 명하여 감람으로 찧어낸 순결한 기름을 등
불을 위하여 네게로 가져오게 하고 끊이지 말고 등불을 켜되(출27:20)

예루살렘을 떠나지 말고 아버지의 약속하신 것을 기다리라

약속의 땅을 떠나면 안됩니다. 약속의 장소를 떠나면 안됩니다. 약속이 이루어질 때까지 그곳에서 기다려야 합니다.

얼마 전 친구와 약속을 했습니다. 약속장소에 가보니 친구가 아직 오지 않았습니다. 시간을 보니 5분전이었습니다. 그러다 생각을 했습니다.

그 친구는 항상 지하철로 왔습니다. 딴에는 잘한다는 생각으로 지하철 입구로 가서 기다리면 좋겠다는 생각을 하고 지하로 내려가 입구에서 기다렸습니다. 친구가 나오면 깜짝 놀래 줄 생각까지 하면서 개찰구를 빠져 나오는 인파에 눈을 반짝이고 있었습니다. 그러나 10분이 지나고 20분이 지나도 친구는 보이지 않았습니다. 30분이 다 되어서야 생각을 고쳐먹고 처음의 약속장소로 가보았으나 친구는 없었습니다.

한편 친구는 그날 따라 버스를 타고 정시에 도착했으나 제가 보이지 않으니 30분을 기다리다가 혹시나 하는 생각에 지하철로 내려왔으나 저는 또 다른 계단으로 처음 약속장소로 가버렸으니 그날의 만남은 말이 아니었습니다.

사람과의 약속도 귀합니다. 하물며 주님과의 약속은 얼마나 귀할까요? 내 생각으로, 내 마음대로 약속을 주관해서는 안됩니다. 약속하신 그대로 지키고 기다려야 합니다.

사도와 같이 모이사 저희에게 분부하여 가라사대 예루살렘을 떠나
지 말고 내게 들은 바 아버지의 약속하신 것을 기다리래(행 1:4)

•복(福)•이•되•는•일•

마음을 다하고 성품을 다하고 뜻을 다하고
힘을 다하여 여호와를 사랑하라

한국 축구가 실크로드 원정길에서 우즈베키스탄을 5:1로 대파하고 프랑스 월드컵 본선 티켓을 확보하는 통쾌한 경기를 시청했습니다. 한마디로 혼신의 힘을 다한 승리였습니다. 원정 경기의 불리함을 정신력으로 이겨낸 승리였습니다. 국민의 성원과, 현지 교민들의 눈물겨운 응원과 감독의 기도와 작전, 선수들의 단합과 투지가 어우러진 값진 승리였습니다.

경기를 시청하며 느낀 점이 있습니다. 월드컵 본 경기도 아닌 예선에서, 본 경기에 참여할 수 있는 영광 하나를 얻기 위해 저렇게도 몸을 돌보지 않고 사력을 다해 뛰는구나, 그야말로 마음도 다하고, 몸도 다하고, 뜻도 다하고, 힘도 다하는 모습이었습니다.

잠시 머물다 가는 세상의 영광을 위해서도 저토록 힘을 다하는데 영원한 생명을 주시고, 구원을 주시고, 천국을 주시는 하나님을 저렇게 사랑하고 있는가 생각해 보니 부끄럽기 그지없었습니다.

미지근한 신앙을 돌아봅니다. 식어진 가슴을 만져봅니다. 말라버린 눈물을 살펴봅니다. 마음을 다하고, 성품을 다하고, 뜻을 다하고, 힘을 다하여 여호와를 사랑하고 싶습니다.

너는 마음을 다하고 성품을 다하고 힘을 다하여 네 하나님 여호와
를 사랑하라(신 6:5)

°순·종·의·열·매· l ·°

너희는 내게로 돌아오라

집을 나간 탕자가 회복되는 유일한 길은 아버지께 돌아오는 일이었습니다. 반성해도 안되고, 후회만 해도 안됩니다. 중요한 것은 아버지께로 돌아오는 것입니다. 가출한 가족의 구성원이 다시 행복한 가정으로 회복하는 유일한 길은 가정으로 다시 돌아오는 일입니다. 양심의 가책으로 자신을 탓해도 효과가 없고, 밖에서 정직하게 열심으로 살아도 가정은 회복되지 않습니다. 과거의 잘못을 불문하고 이유 없이 가정으로 돌아오는 일입니다. 그래야 가정이 회복됩니다. 돌아오지 않고 해결되는 방법은 없습니다.

탈영한 군인이 살길은 부대로 돌아가는 일입니다. 무서운 벌이 기다리고 있다 해도 돌아가야 살길이 열립니다. 돌아가지 않고 자기 힘으로 해결할 수 있는 방법은 없습니다. 인질을 잡아도 해결이 안되고 스스로 자신을 향하여 방아쇠를 당겨도 안됩니다. 돌아가는 길밖에 다른 길이 없습니다.

하나님을 떠난 인류가 살길은 세상에 없습니다. 천만인이 의견이 일치되어 힘을 합쳐도 한 가지도 해결할 수 없습니다. 과학의 힘으로 별들을 정복한다 해도 하나님의 입김에 한갓 바벨탑도 되지 못합니다.

하나님께로 돌아와야 합니다. 이 길만이 사는 길이요 이 길만이 행복의 길이요 이 길만이 영생의 길입니다.

그러므로 너는 무리에게 고하기를 만군의 여호와께서 이처럼 이르시되 너희는 내게로 돌아오라 나 만군의 여호와의 말이니라 그리하면 내가 너희에게로 돌아가리라 나 만군의 여호와의 말이니라(슥 1:3)

• 복(福) • 이 • 되 • 는 • 일 •

아비들아 자녀들을 노엽게 하지 말고
주의 교양과 훈계로 양육하라

부모는 자녀를 자기 소유물로 생각하기 쉽습니다. 내가 고생해서 낳았고

힘들여 길렀으니 내 뜻대로, 내 마음대로 해도 된다고 생각하기 쉽습니다.

내 돈주고 산 자동차가 내 것이니 마음에 들면 타고, 싫어지면 팔아버리거나

폐차시키듯이 자녀도 내 마음대로 해도 된다고 생각하기 쉽습니다.

그러나 자녀는 하나님께서 주신 기업입니다. 하나님의 섭리와 계획에

의해서 나에게 맡겨 주신 선물입니다. 하나님께서 맡겨 주셨으니

하나님께서 원하시는 방향으로 이끌어 주어야 합니다. 대학시절에 교수님이

자신이 아끼시는 카메라를 제게 잠시 맡기신 일이 있습니다. 수학 여행길에

다른 행사 관계로 제게 잠시 맡기신 것입니다. 가난한 살림에 진열장에서나

흠모하던 카메라를 만져 보게 되었으니 심장이 뛰고 손이 떨렸습니다.

친구들이 만져 보자고 졸랐으나 선뜻 내줄 수가 없었습니다. 얼마나

조심스럽고 신경이 쓰였는지 모릅니다. 혹시 떨어뜨릴라, 넘어지기라도

하면 어쩌지? 어디 부딪칠라, 이런저런 조바심으로 온통 신경을 썼던

기억이 있습니다. 자녀는 하나님의 뜻대로 길러야 합니다. 주의 교양과

훈계로 양육하여 내 욕심이 아닌 하나님의 뜻대로 길러야 합니다.

또 아비들아 너희 자녀를 노엽게 하지 말고 오직 주의 교양과 훈계
로 양육하라(엡 6:4)

°순•종•의•열•매• I •

여호와의 말씀을 마음에 새기라

전철을 타고 출퇴근을 하다보면 무언가 열심히 머리에 새기고 있는 모습을 봅니다. 학생은 영어단어를 새기고 직장인은 영어회화나 일본어회화를 새기고 있습니다. 젊은 여성들은 교양서적의 책장을 넘기며 생활의 지혜를 새기고 있습니다. 참 보기 좋은 모습들입니다. 자신의 삶을 성공적으로 이끌기 위해 시간을 쪼개어 노력하는 모습들을 존경스럽게 바라보곤 합니다. 스포츠 신문을 보는 모습보다는 한결 보기 좋은 모습들입니다. 그러나 그렇게 열심히 새기고 또 새긴 지식이 삶을 얼마나 복되게 할까요? 물론 좋은 일입니다. 이런 분들을 존경합니다. 또 이런 노력의 결과가 성공으로 이어지고, 승진으로 이어지고, 인정받는 인물로 이어지는 점은 좋은 일입니다. 이런 일을 비판하는 것이 아니라 이것보다 더 우선적이고 더 귀하고 더 복된 일이 있다는 것을 소개하기 위함입니다. 그것은 바로 하나님의 말씀을 마음에 새기는 일입니다. "육체의 연습은 약간의 유익이 있으나 경건의 연습은 범사에 유익이 있다"고 가르치고 있습니다. 약간의 유익을 먼저 구하겠습니까? 범사의 유익을 먼저 구하시겠습니까? 하나님의 말씀을 마음에 새긴 사람치고 복 받지 못한 사람은 한 사람도 없습니다. 하나님의 말씀은 곧 복입니다.

오늘날 내가 네게 명하는 이 말씀을 너는 마음에 새기고(신 6:6)

∘복(福)∙이∙되∙는∙일∘

무엇을 하든지 주 예수의 이름으로 하라

문명이 발달하고 과학이 발전할수록 오히려 부작용도 늘어나고 있습니다.
편리함 속에도 부작용이 숨어 있고, 특효약 속에도 부작용이 들어 있습니다.
몇 년을 걸어가도 못 갈 세계를 단 하루에 날아갑니다. 그러나 사소한
부작용으로 수백 명의 목숨이 공중에서 사라지기도 합니다.

몇 년을 수백 명이 구슬땀을 흘려야 팔 수 있는 터널을 "꽝"하는 폭음과
함께 바위가 깨어져 나가고 짧은 기간 내에 커다란 산을 뚫어 놓습니다.
그러나 날아가야 할 바위 대신 사람의 생명이 날아가는 부작용도 많습니다.

교육도, 이념도, 사상도, 철학도, 좋은 점이 있는 반면에 반드시 부작용도
있습니다. 교육을 잘 시켜 유능한 인재를 만들고 싶었는데 오늘의 우리의
교육이 가져온 부작용이 얼마나 많습니까?

사람을 선하고 행복하게 이끌겠다고 쏟아져 나온 사상과 철학이 주는
부작용이 또 얼마나 많습니까? 사람을 구하겠다고 생겨난 갖가지 종교들이
얼마나 많은 사람들을 오히려 저주로 끌고 내려가고 있지 않습니까?

부작용이 전혀 없는 오직 하나의 길이 있습니다. 수천 년을 이어 내려왔지만
어느 시대 어느 계층을 막론하고 유익만을 끼친 유일한 길이 있습니다.
주 예수의 이름으로 이루어진 일! 이 길만이 진리의 길입니다.

또 무엇을 하든지 말에나 일에나 다 주 예수의 이름으로 하고 그를
힘입어 하나님 아버지께 감사하라(골 3:17)

구할 것을 감사함으로 아뢰라

누군가에게 아뢸 수 있는 사람은 행복합니다. 아무리 주위를 둘러보아도 내 말을 들어줄 사람이 없을 때 외로운 존재가 되고 맙니다.

야곱은 형의 분노를 피해 집을 나섰습니다. 광야에 홀로 남아 외로운 밤을 맞았습니다. 두려움이 온몸을 조여 오고 배고픔과 추위가 몰아닥쳤습니다.

무엇보다도 괴로운 것은 곁에 아무도 없다는 외로움이었을 것입니다.

부모도, 친구도 없는 황량한 광야에서 돌베개 베고 외로운 눈을 감았습니다.

그러나 거기에 하나님이 계셨습니다. 하나님께서 야곱을 찾아 오셨습니다.

함께 하시겠다는 약속도 하셨습니다. 야곱은 힘을 얻어 하나님께

서원하였습니다. 그리고 그 힘으로 타향에서의 20년을 살았습니다.

누가 행복한 사람입니까? 어떤 삶이 풍성한 삶입니까?

내 삶의 필요를 구할 수 있는 분이 계신 사람입니다.

괴로울 때 위로하시고, 외로울 때 친구가 되시고 아뢸 때 들어주시는

하나님이 우리에게는 계십니다.

얼마나 감사한 일 인지요?

오늘도 구할 것을 감사함으로 아뢰며 하루를 맞습니다.

아무 것도 염려하지 말고 오직 모든 일에 기도와 간구로 너희 구할
것을 감사함으로 하나님께 아뢰라(빌 4:6)

∘복(福)∙이∙되∙는∙일∘

갇힌 자와 학대받는 자를 생각하라

그리스도인의 삶은 나를 넘어서는 삶입니다. 나를 넘어서기가 어렵습니다.

"나"라는 장벽이 별것 아닌 것 같지만 태산을 넘기보다도 힘이 듭니다.

동서독을 가로막고 있던 장벽이 무너졌습니다. 대부분의 공산권이

무너졌습니다. 이념도 체제도 먹고사는 문제 앞에 무너져 내리고 있습니다.

세계의 높은 산들이 모두 정복당했습니다. 인간의 발길을 거부했던 최고의

고봉들이 산악인들의 발 밑에 머리를 조아렸습니다. 극심한 추위와 예기치

못하는 날씨와 강풍과 눈사태도 인간의 도전 앞에 정상을 허용했습니다.

산악인들의 놀라운 투혼은 산소결핍과 극한의 환경을 이겨냈습니다.

그러나 자신의 벽은 넘기가 더 어렵습니다. 알프스보다 험하고

히말라야보다 미끄럽습니다.

나를 넘어서야 이웃이 보입니다. 나를 넘어서야 세계가 보입니다.

나를 넘어서야 비로소 내가 보입니다. 그리스도인은 나를 넘어 시야를

넓혀야 합니다. 갇힌 자의 입장에서 갇힌 자를 생각하고, 학대받는 심정으로

학대받는 이웃을 바라보고 내가 고난 당하는 심정으로 고난 중에 있는

이웃을 생각하라고 성경은 가르칩니다.

눈이 흐려지면 안경을 끼듯이 마음의 눈에 안경을 써야 할 것입니다.

자기도 갇힌 것 같이 갇힌 자를 생각하고 자기도 몸을 가졌은즉 학
대받는 자를 생각하라(히 13:3)

겸손으로 허리를 동이라

힘은 허리에서 나옵니다. 그래서 운동 선수들은 모두 허리를 강하게 단련합니다. 기술이 좋아도 허리가 약하면 오래 버티지 못합니다. 축구에서도 허리를 중요시합니다. 미들 필드라 해서 공격과 수비의 중간 위치에서 우리 공격수가 공격을 하도록 밀어 주고 동시에 수비수가 수비를 수월하게 할 수 있도록 상대의 공격을 1차적으로 저지해 주는 임무가 미들 필드의 역할입니다. 허리를 동이는 것은 결단을 의미합니다. 정신을 가다듬고 새로운 다짐과 각오를 하는 것입니다. 성도는 무엇으로 허리를 동입니까? 힘으로 동입니까? 지식으로 동입니까? 권력으로 동입니까? 성도는 겸손으로 허리를 동이라고 말씀하십니다. 겸손으로 허리를 동일 때 가장 큰 능력을 발휘한다는 것입니다. 겸손으로 허리를 동이면 위축되고 약해지고 무력하게 될 것 같은데 그렇지 않습니다. 하나님께서는 겸손한 자에게 능력을 주시고 함께 해주시기 때문입니다. 모세는 겸손으로 허리를 동였습니다. 그 결과 모세 만한 지도자는 다시 나오지 않았습니다. 세례 요한도 겸손으로 허리를 동였습니다. 그 결과 여자가 낳은 자 중에 세례 요한보다 큰 자는 없다는 칭찬을 받았습니다.

자! 겸손으로 허리띠를 띠고 신앙의 옷이 흘러내리지 않도록 하십시다.

젊은 자들아 이와 같이 장로들에게 순복하고 다 서로 겸손으로 허리를 동이라 하나님이 교만한 자를 대적하시되 겸손한 자들에게는 은혜를 주시느니라(벧전 5:5)

ㆍ복(福)ㆍ이ㆍ되ㆍ는ㆍ일ㆍ

어두움의 일을 벗고 빛의 갑옷을 입으라

지금 이 시기를 자다가 깰 때라고 했습니다. 우리의 구원이 처음 믿을
때보다 가까웠기 때문입니다. 얼마나 많은 사람들이 어둠을 향해 몸을
던지고 있는지 모릅니다. 어두움의 일을 향해 달려가고 있습니다.

내일의 주인이 될 청소년들이 빛보다 어두움을 더 좋아합니다. 어둠이
깔리면 책 앞에 앉아 있어야 하는데 밤거리로 나옵니다. 어둠을 미끼로
생계를 이어가는 어른들이 자식과도 같은 청소년들을 유혹하고 있습니다.
소수에 불과한 일부라고 보기에는 너무나 확산되었기에 가슴아픈 일입니다.
어디 이것만 어두움이겠습니까?

예수 없이 사는 삶, 돌아갈 본향이 없이 사는 삶, 왜 사는지를 모르고 사는
삶, 헛된 육의 양식만을 얻기 위해 헤매이는 삶들이 어두움의 삶입니다.

그리스도인은 빛의 갑옷을 입고 어두움을 향해 질주하는 사람들을
막아서야 합니다. 어두워서 길인지 하수구인지 구별하지 못하는 사람들을
밝게 비추어 주어야 합니다.

성경은 권고하십니다. "낮에와 같이 단정히 행하고 방탕과 술 취하지 말며
음란과 호색하지 말며, 쟁투와 시기하지 말고 오직 주 예수 그리스도로 옷
입고 정욕을 위하여 육신의 일을 도모하지 말라"

밤이 깊고 낮이 가까웠으니 그러므로 우리가 어두움의 일을 벗고
빛의 갑옷을 입자(롬 13:12)

。순・종・의・열・매・ㅣ。

지극히 거룩한 믿음 위에 자기를 건축하라

사람의 일생을 집을 짓는 삶이라 할 수 있습니다.

지식의 집을 짓고, 인격의 집을 짓고, 교양의 집을 짓습니다.

이 집은 짧은 몇 년에 짓는 것이 아니라 몇십 년에 걸쳐 짓습니다.

집은 기초가 가장 중요하다고 합니다. 기초가 다져지지 않은 위에 아무리

아름다운 집을 짓고 내부를 금으로 장식해도 이 집은 이내 무너지고 맙니다.

집은 또 설계대로 지어야 합니다. 시간이 걸린다고 기초가 다져질 시간을

기다리지 않고, 물자를 절약한다고 자재를 줄여도 안됩니다. 욕심을 내서

설계를 변경해서 제멋대로 바꾸어도 안됩니다. 이 모두는 부실 공사로

이어지게 됩니다.

인생의 집은 하나님께서 설계하십니다. 우리 모두에게는 하나의 설계

도면이 있습니다. 내 멋대로 설계도를 무시하고 내 집을 지으면 안됩니다.

인생의 집의 기초는 믿음입니다. 믿음 위에 세워진 집은 일평생 견고합니다.

반석 위에 세운 집이 홍수가 몰아쳐도 흔들림이 없듯이 반석 되시는 예수

그리스도의 믿음 위에 세워진 인생의 집은 온갖 세상의 폭풍 속에서도

든든할 것입니다.

사랑하는 자들아 너희는 너희의 지극히 거룩한 믿음 위에 자기를
건축하며 성령으로 기도하며(유 1:20)

° 복(福) • 이 • 되 • 는 • 일 °

여호와께서 행하신 기적을 기억하라

부모님의 은혜를 기억하면 불효하지 않습니다. 선생님의 은혜를 기억하면 선생님의 멱살을 잡는 불량학생이 되지 않습니다. 국가가 내게 주는 혜택과 자유를 기억하면 국가를 욕하고 비난할 수 없습니다. 회사가 내게 주는 삶의 은혜를 기억하면 회사를 매도할 수 없습니다.

친구가 내게 나누어 주었던 따뜻한 우정을 기억하는 사람은 그 친구를 이용해서 자기의 이익을 챙기는 사기꾼이 되지 않습니다.

부모를 죽여 유산을 챙기려 하고, 스승의 멱살을 잡아 흔들고, 국가를 향해 화염병을 던지고, 회사의 기계를 무력으로 세워 놓고, 친했던 친구의 우정을 이용해 사기를 치는 온갖 부정함은 은혜를 잊어버린 결과라고 생각합니다. 은혜를 잊으면 몹쓸 사람이 됩니다.

이스라엘은 하나님의 기적을 수없이 체험했습니다. 이 모든 이적과 기적은 이스라엘을 위한 하나님의 은혜였습니다. 그러나 이스라엘은 틈만 있으면 하나님을 잊어버리고 다른 곳으로 눈길을 돌렸습니다. 하나님의 기적을 잊지 않고 감사한 사람만 가나안에 들어갔습니다.

오늘도 하나님께서 내게 베푸신 많고 많은 기적과 은혜들을 잊지 않고 감사하는 자에게 하나님의 축복이 단비같이 내립니다.

> 네 하나님 여호와께서 너를 인도하여 내실 때에 네가 목도한 큰 시험과 이적과 기사와 강한 손과 편 팔을 기억하라(신 7:19)

이 패역한 세대에서 구원을 받으라

"이 패역한 세대에서 구원을 받으라"

이 말씀은 영적 무지로 하나님의 아들을 십자가에 못박고 어두움에 헤매인 유대인과 예루살렘에 사는 사람들을 향한 사도 베드로의 호소요 외침이었습니다. 오늘도 이 외침은 들려오고 있습니다. 성경을 펴면 말씀이 외치고, 하나님의 거룩한 집인 성전에서 주의 종들이 외치고 있습니다. 성령이 각 사람의 마음에 외치고 있습니다. 우리는 패역한 세대에 살고 있습니다. 도덕성과 윤리가 땅에 떨어진 정도가 아니라, 떨어져 깨지고 밟혀서 산산 조각난 세대에 살고 있습니다. 이 패역한 세대에서 무엇이 우리를 위로하고 건져 준단 말입니까? 세상에서는 길이 없습니다. 교도소를 100배나 더 지어 아파트 단지보다 크게 짓고 온갖 교육 프로그램으로 선도해도 구원의 길은 없습니다. 청소년 수련장을 곳곳에 세우고 가르치고 선도해도 구원의 길은 거기에 없습니다. 구원의 길은 어디에 있습니까? 베드로의 외침을 다시 들어봅니다. 베드로가 가로되 "너희가 회개하여 각각 예수 그리스도의 이름으로 세례를 받고 죄사함을 얻으라 그리하면 성령을 선물로 받으리니 이 약속은 너희와 너희 자녀와 모든 먼 데 사람 곧 주 우리 하나님이 얼마든지 부르시는 자들에게 하신 것이라."

또 여러 말로 확증하며 권하여 가로되 너희가 이 패역한 세대에서
구원을 받으라 하니(행 2:40)

•복(福)•이•되•는•일•

가증한 것을 극히 꺼리며 심히 미워하라

하나님께서는 자기 백성들이 깨끗하기를 원하십니다. 몸도 깨끗해야 하지만 마음의 깨끗함을 더욱 원하셨습니다. 두 마음을 품는 것을 경계하셨고 하나님을 모시고 있는 마음에 다른 것이 자리잡는 것을 엄히 경고하셨습니다. 옷감을 짤 때도 두 종류의 실로 섞어 짜지 못하게 하셨고 밭에 씨를 뿌릴 때도 두 종류의 곡식을 섞어 뿌리지 못하게 하셨습니다. 순수함을 원하신 것입니다. 그러나 이스라엘의 눈은 쉴새없이 사방을 둘러보았습니다. 마치 시골아이가 서울에 첫발을 디딘 것처럼 호기심에 가득한 눈으로 눈동자가 쉬지를 않았습니다. 가나안의 풍습이 좋아 보이고 그들이 만들어 놓은 우상이 신기해 보였습니다. 덫에 걸려들면 송두리째 목숨을 잃는 줄도 모르고 하나님의 경고를 뒤로 한 채 잠시 눈을 유혹하는 고깃덩어리를 낚아채려고, 앞뒤를 모르고 나갔습니다.

하나님의 경고의 소리를 들어보십시오

"너는 그들의 조각한 신상들을 불사르고 그것에 입힌 은이나 금을 탐내지 말며 취하지 말라 두렵건대 네가 그것으로 인하여 올무에 들까 하노니 이는 네 하나님 여호와의 가증히 여기시는 것임이니라." 세상에 있는 신기한 것들이 좋아 보이십니까? 하나님의 경고의 소리를 기억하십시오

너는 가증한 것을 네 집에 들이지 말라 너도 그와 같이 진멸당할
것이 될까 하노라 너는 그것을 극히 꺼리며 심히 미워하라 그것은
진멸당할 것임이니라(신 7:26)

자기를 살핀 후에 성찬에 참여하라

음식에 따라 먹는 방법도 사뭇 다릅니다. 어릴 때 시골에서 "콩살이" "밀살이"라는 것을 많이 했습니다. 아이들이 콩이나 밀다발을 잘라다가 마른 나뭇가지를 깔고 그 위에 얹은 다음 불에 살라 익힙니다. 어느 정도 익었다 싶으면 발로 밟아 불을 끄고는 콩을 집어먹습니다. 타다 남은 나뭇가지와 흙덩이, 작은 돌멩이, 숯 덩어리 등 지저분하기 이를 데 없습니다. 재가 묻은 콩을 그대로 먹고, 땅에 있는 것을 주워먹다 보면 흙도 먹습니다. 한참을 먹다가 친구들을 보면 황인종이 흑인종이 되어 있습니다. 얼굴은 온통 검게 얼룩지고 손도 형편없습니다. 그러면 씻지도 않고 손은 바지에 툴툴 털고 입은 소매로 한 번 문지르면 끝입니다.

이런 음식은 이렇게 먹습니다. 그러나 명절날 먹을 때는 다릅니다. 몇 달 만에 목욕도 하고 새 옷을 입고 먹습니다. 도시에 와서 처음으로 양식을 먹을 때는 얼마나 당황하고 힘들었는지 모릅니다. 먹는 건지 작품을 만드는 건지 알 수 없었습니다. 썰고, 자르고, 뿌리고, 눈치보고... 아무튼 빵도 먹고 애도 먹었습니다. 음식에도 품격이 있습니다. 음식에 따른 규율도 있습니다. 하물며 거룩하신 하나님 앞에서 먹는 성찬은 두렵고도 신비한 순간입니다. 보통 음식을 대하듯 해서는 안됩니다. 십자가를 생각하고, 예수 그리스도를 기념하며 정결한 마음으로 받아야 할 것입니다.

사람이 자기를 살피고 그 후에야 이 떡을 먹고 이 잔을 마실지니(고전 11:28)

•복(福)•이•되•는•일•

억지로 5리를 가자고 하거든 10리를 같이 가 주라

저는 이런 일을 당해보지 않았지만 아버님은 많이 겪으셨다고 하십니다. 아버님은 격동의 시기를 사셨습니다. 일제 치하에서 온갖 노동과 고난도 받으셨고, 해방의 기쁨도 잠시 뿐 다시 6.25 사변으로 고통을 당하셨습니다. 인민군이 낙동강만 남겨 놓고 우리 땅을 거의 점령했을 때 지리산이 멀리 바라보이는 경상남도의 우리 마을은 낮에는 국군이 와서 곡식을 가져가고 짐을 나르는 일을 시키고, 밤이면 인민군이 내려와서 곡식을 뺏어가고 짐을 나르는 일을 시켰다고 합니다. 앞산은 국군이 진을 치고 있었고 뒷산은 인민군이 숨어 있었다고 합니다. 가끔은 총격전이 벌어지기도 했다고 합니다. 마을 뒷산에 있는 돌비석은 총에 맞아 성한 곳이 없었고, 휴전 후에 우리 마을 아이들의 장난감은 총알껍질인 탄피였습니다. 탄피를 세워 놓고 돌을 던져 쓰러뜨리는 놀이를 많이 했습니다. 때로는 박격포탄도 주워 지서(지금의 파출소)에 갖다주기도 했습니다. 아버님은 이들의 요구에 묵묵히 짐을 져 날랐다고 합니다. 그러나 오늘의 성경말씀처럼 10리를 더 가 주는 모범은 못 보이신 것 같습니다. 우리 마을에서 처음 예수를 믿으셨지만 초신자요 성경책도 없어서 마태복음 5장 41절을 못 읽으셔서 그랬나 싶습니다. 아버님의 성품으로는 아셨다면 그랬을 거라 생각합니다.

또 누구든지 너로 억지로 오리를 가게 하거든 그 사람과 십리를 동
행하고 네게 구하는 자에게 주며 네게 꾸고자 하는 자에게 거절하
지 말라(마 5:41~42)

종들아 성실한 마음으로 상전에게 순종하되 주께 하듯 하라

성경에는 성실한 종의 자세를 보여 주는 많은 기록들이 있습니다.
그들 중에는 종으로 시작했다가 나중에는 통치자가 된 인물도 있으나
끝까지 종의 신분으로 성실히 사명을 다한 훌륭한 인물들도 있습니다.
요셉은 노예로 시작해서 종이 되었다가 죄인까지 되었습니다. 그러나
요셉은 노예였을 때나 종이었을 때나 죄인이었을 때나 한결같이 상전에게
순종하고 원망하거나 거역하지 않았습니다. 이런 요셉을 하나님께서
높이셔서 그 당시 세계를 다스리는 애굽의 총리로 세우셨습니다.
그러나 여기 종에서 시작해서 종으로 성실히 임무를 다한 훌륭한 인물이
있습니다. 아브라함의 종 엘리에셀입니다. 엘리에셀은 아브라함의 가정에서
길러져 늙기까지 성실히 아브라함을 섬겼습니다. 아브라함은 그를 신임하여
집안 모든 소유를 맡겼고 이삭의 아내를 택하는 일도 그에게 맡겼습니다.
엘리에셀은 아브라함이 일러준 그대로 조금도 가감하지 않고 순종했습니다.
일이 순조롭게 진행되어도 주인의 목적이 완성되기까지는 음식까지
거절하며 최선을 다한 종의 자세를 보여 주고 있습니다.
누구나 높아지기를 원하지 종의 자세로 낮아지려 하지 않는 현실 속에서
엘리에셀의 종의 자세는 주인의 역할 못지 않은 미덕이라고 생각합니다.

종들아 두려워하고 떨며 성실한 마음으로 육체의 상전에게 순종하
기를 그리스도께 하듯 하며(엡 6:5)

ㅇ복(福)ㅇ이ㅇ되ㅇ는ㅇ일ㅇ

모든 일에 전심 전력하여 진보를 나타내라

어린아이 때가 예쁘지만 그렇다고 자라는 것을 거부하는 부모는 없습니다. 나무도 자라야 하고, 곡식도, 과일도 자라야 합니다. 성장이 멈춰진 것은 문제가 있다는 증거입니다.

몸뿐이 아니라 지능도 자라야 합니다. 인격도 교양도 자라야 합니다.

어릴 때 고향 뒤뜰에 감나무를 하나 심었습니다. 1미터도 안 되는 키에 손가락 굵기 만한 보잘것없는 나무였습니다. 강아지가 부딪쳐도 부러질 것 같은 약하디 약한 모습이었습니다. 저게 무슨 감나무가 되고 감이 열리랴 싶어 한심스러운 눈으로 보고 귀하게 여기지도 않았습니다.

그후 10여 년의 세월이 지나 추석 명절에 고향집을 찾았습니다. 하늘 높은 줄 모르고 초가 지붕보다 더 높이 치솟은 감나무 하나가 시선을 끌었습니다. 푸른 하늘을 배경으로 가지가 휘어질 정도로 주렁주렁 매달린 감들이 온통 나무 위에서 저를 반기고 있었습니다. 저는 그 나무를 무시했었지만 감나무는 탐스러운 열매를 맺고 저를 반기고 있었습니다.

성장은 귀합니다. 발전은 아름답습니다. 성도는 신앙이 성장해야 합니다. 믿음이 자라고, 소망이 커지고, 사랑이 진보되어야 합니다. 그래야 빛이 되어 다른 사람을 이끌 수 있고 유익을 줄 수 있습니다. 하나님을 기쁘시게 할 수 있습니다.

이 모든 일에 전심 전력하여 너의 진보를 모든 사람에게 나타나게 하래(딤전 4:15)

상전들은 의와 공평으로 종들에게 베풀라

베푸는 상전이 있고 착취하는 상전이 있습니다. 착취하면 거둬들여지고 창고가 늘어나고 부가 쌓여질 것 같은데 그렇지 않습니다. 공산주의는 모두가 잘 살자는 미명아래 착취했지만 빈털터리가 되고 말았습니다. 베풀면 내 것이 나가는 것 같습니다. 내 창고에 있는 재고가 줄어들고 내 것이 없어지는 것 같습니다. 그러나 베풀면 더 많이 들어옵니다. 퍼주는데 쌓입니다. 빼내는데 고입니다. 이것이 하나님의 계산법이요 신비입니다. 상전들은 베풀되 의와 공평으로 베풀라고 하십니다. 편견이 없이 공정하게 베풀라는 것입니다. 다윗은 공정했습니다. 다윗이 시글락에서 아말렉의 침략을 받아 그의 가족과 다윗의 용사들의 모든 가족들이 포로로 잡혀갔을 때 다윗은 아말렉을 쫓아가 기습하여 모든 가족을 구출하고 많은 전리품을 얻었습니다. 이 때 다윗을 따른 600명의 용사 중 200명은 지치고 피곤하여 싸움에 참여하지 못했습니다. 다윗을 따라갔던 400명 중 비류들이 함께 가지 않은 200명에게는 전리품을 주지 말자고 했으나 다윗은 규례를 정하여 전장에 나간 자나 소유물 곁에 머물렀던 자나 동일한 분배를 함으로 의로운 모범을 보였습니다. 이로 인해 다윗은 더욱 신임과 존경을 받게 되었습니다. 하나님이 공정하시니 우리도 공정해야 할 것입니다.

상전들아 의와 공평으로 종들에게 베풀지니 너희에게도 하늘에 상
전이 계심을 알지어다(골 4:1)

사람에게 보이려고 그들 앞에서 의를 행치 않도록 주의하라

사람은 보는 사람이 많아야 신이 나나 봅니다. 축구도 프로야구도 관중이 많아야 묘기도 많습니다. 스탠드가 썰렁하면 선수들도 열심을 내지 않습니다. 프랑스 월드컵을 향한 아시아 지역 예선이 치열할 때 잠실 주 경기장은 온통 관중의 함성으로 가득 찼습니다. 스탠드에는 관중의 열기가 하늘을 찔렀고 그라운드는 선수들의 열기로 달아올랐습니다. 수만 명의 관중이 뿜어내는 열기에 선수들은 몸을 사리지 않고 최선을 다했습니다. 걷어차여도 일어서고 그라운드에 나뒹굴어도 다시 뛰었습니다. 포기할 수밖에 없는 공도 살려보려고 끝까지 뛰는 모습은 처절하기까지 했습니다. 물론 스포츠맨은 이래야 합니다. 최선을 다해야 합니다. 프로는 관중을 즐겁게 해야 할 의무도 있습니다.

그러나 의를 행할 때는 이와는 달라야 합니다. 사람이 보는 앞에서 하지 않아야 합니다. 숨은 봉사가 되어야 하고 드러나지 않는 선행이 되어야 합니다. 우리는 사람을 의식하는 유혹을 언제나 받습니다. 사람이 보면 잘하고 안보면 적당하게 하고 싶은 유혹을 받습니다.

내가 하는 지금의 선행이 사람 앞은 아닌지요?

> 사람에게 보이려고 그들 앞에서 너희 의를 행치 않도록 주의하라 그렇
> 지 아니하면 하늘에 계신 너희 아버지께 상을 얻지 못하느니라(마 6:1)

∘순∘종∘의∘열∘매∘Ⅰ∘

구제할 때에 오른손이 하는 것을 왼손이 모르게 하라

가까운 사이가 있습니다. 부부는 가까운 사이입니다. 부모와 자녀도 친구도 가까운 사이입니다. 언제나 곁에 있고 언제나 서로 도와줍니다. 그러나 더 가까운 사이가 있습니다.

바로 오른손과 왼손이라고 생각합니다. 이들은 걸핏하면 붙잡습니다. 기쁜 일이 있으면 서로 부딪쳐서 소리를 냅니다. 벌겋게 달아올라도 아픈 줄도 모르고 서로 세게 부딪치며 좋아합니다. 슬픈 일이 있어도 서로 만납니다. 말없이 조용히 만나 서로 껴안고 슬픔을 이겨냅니다. 답답한 일이 있어도 만납니다. 서로 마주잡고 하늘을 향해 소원을 빕니다.

이들은 언제나 떨어지지 않습니다. 결혼식에도, 장례식에도 같이 갑니다. 상 받으러 같이 가고, 매맞으러 갈 때도 같이 가서 맞습니다. 언제나 떨어져 살지 않기에 서로 모르는 일이 하나도 없습니다.

그런데 예수님께서는 오른손이 하는 것을 왼손이 모르게 하라고 하십니다. 또 누군가는 이런 말을 했습니다. "어쩌다 한 번 오른손이 좋은 일을 하면 왼손이 알지만 생활 속에서 언제나 선을 행하면 왼손도 모른다"고요. 정말 그럴지는 몰라도 머리를 끄덕였습니다.

드러내지 않고 은밀하게 선을 행하라는 예수님의 당부입니다.

너는 구제할 때에 오른손의 하는 것을 왼손이 모르게 하여 네 구제함이 은
밀하게 하라 은밀한 중에 보시는 너의 아버지가 갚으시리래(마 6:3~4)

• 복(福) • 이 • 되 • 는 • 일 •

염려를 다 주께 맡겨 버리라

사람은 대체로 문제를 만나면 그 문제와 정면대결을 합니다. 그러나 이리
터지고 저리 깨집니다. 왜냐하면 문제는 언제나 나보다 강하기 때문입니다.
문제가 나보다 약하다면 그것은 문제가 아니겠지요.
시련을 만나면 시련을 붙잡고 싸웁니다. 나를 괴롭게 하는 사람이 있으면
그와 대립하고 미워하고 싸웁니다. 질병을 만나면 질병을 붙잡고 염려하고
괴로워합니다. 그러니 이겨도 상처투성이요 져도 상처투성이입니다.
한나는 문제와 싸우지 않았습니다. 대적 브닌나가 그토록 괴롭혀도
머리채를 잡아 흔들지 않았습니다. 같이 대항하지 않았습니다. 성전을
찾았습니다. 브닌나와 부딪치지 않고 전능하신 하나님과 부딪쳤습니다.
그리하여 믿음의 여인이 되고 사무엘을 얻었습니다. 한나가 브닌나와
부딪쳤다면 모두가 부서지고 말았을 것입니다.
애굽을 떠난 이스라엘은 홍해를 만났습니다. 뒤로는 애굽의 전차를
만났습니다. 앞에 있는 문제도 죽음이요, 따라 오는 문제도 죽음밖에 없는
절망의 순간입니다. 홍해와 부딪치면 자살이요 바로와 부딪치면
몰살입니다. 이 때 하나님의 사람 모세는 하나님과 부딪쳤습니다. "너희는
두려워 말고 가만히 서서 여호와께서 오늘날 너희를 위하여 행하시는
구원을 보라." 여호와께 염려를 맡기면 여호와께서 나를 대신해 싸우십니다.

너희 염려를 다 주께 맡겨 버리라 이는 저가 너희를 권고하심이니라(벧전 5:7)

골방에 들어가 은밀하게 기도하라

학습방법이 독특한 선생님이 계셨습니다. 그 분은 칠판에 글씨를 쓰다가 중요한 부분이 나오면 큰 소리로 "밑줄 쫙 —" 하시며 글자 밑에 굵은 줄을 그으셨습니다. 그러면 학생들도 큰 소리로 "밑줄 쫙 —" 하며 따라 하고는 그 부분을 암기하여 좋은 성적을 올렸습니다.

가장 위대한 선생님인 예수님께서도 아마 칠판을 사용하여 제자들을 가르치셨다면 중요한 부분은 밑줄을 그으며 가르치시지 않았을까 생각을 해보았습니다.

예수님께서는 비슷한 내용들을 몇 차례 거듭거듭 반복하시며 교훈 하신 내용들이 있습니다. "밑줄 쫙 —" 하신 내용들이 있습니다.

"사람에게 보이려고 그들 앞에서 의를 행치 않도록 주의하라." "구제할 때에 오른손의 하는 것을 왼손이 모르게 하라." "기도할 때에 사람에게 보이려고 회당과 거리에서 하지 말라." "금식할 때에 외식하는 자처럼 슬픈 기색을 내지 말라."…… 이 모든 내용은 사람에게 보이려고 신앙표현을 하지 말라는 예수님의 거듭되는 말씀입니다. 이렇게 같은 말씀을 계속 반복하신 것은 자칫하면 우리가 외식에 빠지기 쉽기 때문에 그러셨다고 생각합니다.

예수님의 "밑줄 쫙 —"을 기억합시다.

너는 기도할 때에 네 골방에 들어가 문을 닫고 은밀한 중에 계신 네 아
버지께 기도하라 은밀한 중에 보시는 네 아버지께서 갚으시리라(마 6:6)

너희 이름이 하늘에 기록된 것으로 기뻐하라

대학입시 합격자를 발표하는 날이 되면 TV 화면에 비쳐진 얼굴들을 볼 수 있습니다. "붙었다"라고 외치며 동동 뛰는 사람, "엄마! 내 이름 여기 있어" 하며 부둥켜안고 눈물을 흘리는 사람. 월드컵 축구에서 골을 넣은 선수처럼 하늘을 향해 두 팔을 쳐들고 환호하는 사람, 그런가 하면 어깨를 늘어뜨리고 쓸쓸히 얼굴을 돌리는 사람, 밤잠을 자지 못한 충혈된 눈에 눈물을 고이고는 힘없이 교정을 걸어나오는 사람들이 있습니다. 대학이 뭐길래, 합격이 뭐길래, 이토록 몸부림쳐야 하고 이토록 사생결단을 해야 할까요? 벽에 나붙은 이름 석자가 뭐길래 저리도 감격하고 저리도 좌절할까요? 내 이름이 어디에 붙어 있어야 행복할까요? 교정에 나붙은 합격자 명단일까요? 회사에 나붙은 입사 합격자 명단일까요? 게시판에 나붙은 승진 명단일까요? 백화점 게시판에 나붙은 경품당첨자 명단일까요? 좋은 아파트 로얄층 추첨 명단일까요? 물론 기쁜 일입니다. 그러나 이런 기쁨은 일시적입니다. 이런 기쁨을 모조리 누린 행운아라 할지라도 한 곳에 이름이 없으면 아무것도 아닙니다. 하늘나라 입주자 명단에 이름이 없으면 가장 큰 실패자입니다. 세상에서는 잘 되는 일이 별로 없어도 하늘나라에 내 이름이 기록되었으니…" 할렐루야!

그러나 귀신들이 너희에게 항복하는 것으로 기뻐하지 말고 너희 이름이 하늘에 기록된 것으로 기뻐하라(눅 10:20)

°순•종•의•열•매•I•

금식할 때에 머리에 기름을 바르고 얼굴을 씻으라

기도를 하면 할수록 낮아져야 합니다. 그리고 낮아지게 되어 있습니다.
기도를 하는데도 자꾸 높아지고 싶으면 위험합니다.

총알이 빗발치는 전장에서는 몸을 낮추어야 합니다. 얼굴을 들면 안됩니다.
전장에서 머리를 들면 적의 표적물이 됩니다. 적의 총알은 여지없이 머리
든 자를 향해 날아옵니다.

이 세상은 영적 전장터입니다. 마귀는 언제나 조준하여 머리 드는 자를 향해
시험의 방아쇠를 당깁니다. 기도는 낮아지는 훈련입니다. 낮아지는 훈련을
하면서 그 훈련을 공개해선 안됩니다. 초췌한 얼굴을 공개하고 헝클어진
머리로 나 지금 금식하고 있노라고 표현하지 말라는 것입니다.

군인이 훈련을 잘하면 누구도 대적 못할 정예병이 됩니다. 그러나 훈련이
좋지만 훈련 때 방심하면 큰 사고를 당해 중상을 입기도 합니다. 기도는
가장 중요한 훈련인 반면에 잘못하면 가장 큰 위험에 빠지기도 하는 조심할
부분입니다. 기도는 사람에게 보이는 쇼가 아닙니다.

기도는 오직 하나님께 드리는 삶의 표현입니다. 은밀한 중에 보시고
갚으시는 하나님께 드리는 기도가 가장 능력 있는 기도입니다.

너는 금식할 때에 머리에 기름을 바르고 얼굴을 씻으라 이는 금식
하는 자로 사람에게 보이지 않게 하고 오직 은밀한 중에 계신 네
아버지께 보이게 하려 함이라 은밀한 중에 보시는 네 아버지께서
갚으시리라(마 6:17~18)

∘복(福)∘이∘되∘는∘일∘

너희 몸을 하나님이 기뻐하시는 거룩한 산 제사로 드리라

어느 것이나 어디에 드려지냐에 따라 가치가 달라집니다.

같은 공장에서 만들어진 그릇이라도 음식점에 들어가면 이 사람 저 사람의 입에 오르내리는 그릇이 되고, 언제 깨어질지 모르는 아슬아슬한 생명이 됩니다. 같은 그릇이 술집으로 들어가면 천하게 되고 사람을 망하게 하는 도구로 쓰여지게 됩니다.

그러나 같은 그릇이 성전으로 들어가면 거룩한 그릇이 되어 하나님의 영광을 위한 도구로 귀하게 쓰이게 됩니다.

주말에 산을 찾았습니다. 곳곳에 타다 남은 양초가 흉하게 버려져 있었습니다. 자연을 훼손하고 보기에도 아주 싫었습니다. 무속인들이 피워 놓았다가 정리도 하지 않고 가버린 것입니다. 여기에 쓰여진 양초는 천하게 보였습니다. 그러나 결혼식을 밝혀주는 촛불, 수련회 마지막날 밤 양초처럼 나를 태워 남을 밝히자는 촛불은 거룩한 빛으로 보였습니다.

내 몸은 지금 어디에 드려지고 있나요? 마귀가 잡고 휘두르는 가시채가 되고 있지는 않을까요? 세상의 헛된 영광을 위해 드려지지는 않은가요? 우리의 몸은 내 것도 아니요, 부모의 것도 아닙니다.

하나님의 것이요 하나님의 성전입니다.

그러므로 형제들아 내가 하나님의 모든 자비하심으로 너희를 권하노
니 너희 몸을 하나님이 기뻐하시는 거룩한 산 제사로 드리라 이는 너
희의 드릴 영적 예배니라(롬 12:1)

보물을 하늘에 쌓아 두라

사람은 쌓아 두기를 좋아합니다. 쌓는데 브레이크를 잡지 못합니다. 어느 정도 자신의 수준에 맞게 쌓여지면 쌓는 것은 그만 두고 이제는 쌓은 것들을 어떤 곳에 유익하게 사용할까를 생각해야 되는데 일단 쌓아온 탑에 시야가 가려서 대개는 멈추지를 못합니다. 어디까지 올라갑니까? 무너져 내릴 때까지 쌓아 올라갑니다. 많고 많은 사람들이 이 세상에 보물을 쌓다가 무너졌습니다.

물질을 세상의 쾌락을 위해 쌓고, 지식을 명예를 위해 쌓고, 교양을 자랑을 위해 쌓고, 체력을 정욕을 위해 쌓다가 허무하게 무너져 내렸습니다.

세상은 모래와도 같습니다. 세상의 기초는 약합니다. 조금만 비바람이 쳐도 무너집니다. 세상은 영원하지 않습니다. 천년 만년 살 줄 알고 쌓아 두지만 어느 새 빈손 들고 떠날 날이 다가옵니다. 연기할 수도 없고 거부할 수도 없는 마차는 어느 새 내 앞에 다가와 타라고 할 것입니다.

보물은 하늘에 쌓아 두어야 합니다. 재물은 하나님 나라를 위해 많이 써야 합니다. 지식은 하나님 나라를 널리 알리는 데 많이 써야 합니다. 체력도 하나님의 영광을 위해 써야 합니다.

• 복(福) • 이 • 되 • 는 • 일 •

하늘나라 은행은 이자가 높습니다. 세상 은행은 원금에 이자를 조금 붙여 주는데 천국 은행은 원금의 몇천 배로 높여 줍니다.

자! 통장을 개설합시다. 천국 은행 교회지점으로..

> 오직 너희를 위하여 보물을 하늘에 쌓아 두라 거기는 좀이나 동록이 해하지 못하며 도적이 구멍을 뚫지도 못하고 도적질도 못하느니래(마 6:20)

지혜에 장성한 사람이 되라

나이가 어려도 악한 일을 하는데는 머리가 잘 돌아가는 사람이 있습니다.
중학생 나이에 어른도 놀랄 만한 기발한 수법으로 범죄를 저지르기도 하고
학력이 모자란데도 배운 사람들을 감쪽같이 속여먹는 사기꾼도 많습니다.
지혜에는 어린아이가 되고 악에는 일찍 어른이 된 사람들입니다.

나이가 많이 들고 사회생활을 많이 했는데도 악한 일을 하는데는 도무지
소질이 없는 분도 있습니다. 악한 말도 못하고, 속이지도 못하고, 남을
해롭게 하면 잠을 못 자고, 자기 때문에 남이 손해를 입으면 어쩔 줄
몰라하는 사람이 있습니다. 많이 배우지는 못했지만 앞을 내다볼 줄 알고,
해야 할 일과 해서는 안될 일을 분별할 줄 알고, 어떻게 살아야 하는지도
알고, 왜 사는지도 아는 사람입니다. 악에는 어린아이가 되고 지혜에는
장성한 사람입니다.

세상에는 똑똑한 사람보다 지혜로운 사람이 많아야 합니다.
많이 아는 사람보다 의로운 사람이 많아야 합니다. 이 세상을 이끌고 나가는
힘은 똑똑한 사람에게서 나오지 않습니다. 많이 아는 사람이 우리네 삶을
아름답게 꾸미는 것이 아닙니다.

지혜로운 사람이 있기에 삶이 아름답고, 의로운 사람이 있기에 삶이

∘복(福)∙이∙되∙는∙일∘

유지되는 것입니다. 의로운 노아가 있었기에 인류가 이어졌고, 아브라함이 있었기에 믿음의 기초가 놓여졌습니다. 모세가 있었기에 예수 그리스도의 보혈이 예시되었습니다.

악에는 걸음마도 못하고 지혜에는 장부가 됩시다.

형제들아 지혜에는 아이가 되지 말고 악에는 어린아이가 되라 지혜
에 장성한 사람이 되라(고전 14:20)

너희는 먼저 그의 나라와 그의 의를 구하라

우선 순위가 있습니다. 중요한 일도 순서가 뒤바뀌면 엉망이 됩니다. 잘한다고 솔선수범해도 순서가 잘못되면 안 하느니 못합니다. 군대에 가면 총을 분해하고 다시 조립하는 연습을 수없이 반복합니다. 총은 군인의 생명입니다. 그래서 총을 알아야 하고, 닦고, 손질하고, 점검해야 합니다. 그래야 유사시에 자기 생명을 보존할 수 있습니다. 총을 분해하고 조립하는 데는 순서가 있습니다. 수십 개의 부품을 떼어내고 조립하는 과정에서 하나라도 순서가 뒤바뀌면 진행이 되지 않습니다. 오랜만에 고향의 부모님을 찾은 아들이 먼저 해야 할 일은 부모님을 찾아 뵙고 인사를 드리는 일입니다. 감사드리고 부모님이 하시는 말씀을 듣는 일입니다. 부모는 찾아 뵙지 않고 친구 집을 먼저 들리거나 부모님 일손 덜어드린다고 먼저 밭으로 달려가서도 안됩니다. 하나님 앞에서도 먼저 할 일이 있습니다. 의식주 걱정, 자녀 걱정, 장래일 걱정, 교회부흥 걱정, 가정과 국가의 앞날을 걱정하지 말라는 것입니다. 먼저 하나님 나라를 생각하고, 하나님의 의를 구하라고 하십니다. 그리하면 나머지 내게 필요한 모든 것은 하나님께서 하나하나 보따리 보따리 챙겨서 주신다고 하셨습니다. 믿음이 없는 우리는 이 모든 것을 내가 챙기려 듭니다. 하나님은 뒤로 미루고 말입니다.

너희는 먼저 그의 나라와 그의 의를 구하라 그리하면 이 모든 것을
너희에게 더하시리라(마 6:33)

•복(福)•이•되•는•일•

먼저 네 눈 속에 있는 들보를 빼어라

참으로 이상한 일입니다. 가장 가까이 있고, 밤이나 낮이나 언제나 붙어 있는 나 자신은 못보고 남은 잘 보는 것입니다. 나는 바위를 짊어지고 있으면서도 조약돌을 쥐고 있는 사람을 비판합니다. 나는 물 속에 잠겨 있으면서도 손가락 끝에 물이 묻은 사람을 비판합니다. 온몸에 진흙을 둘러쓰고 있으면서도 소매 끝에 묻어 있는 작은 흙먼지를 보고 비난합니다. 참으로 사람은 자기를 바로 보기가 힘든가 봅니다. 망원경을 발명해서 멀리 있는 것을 눈앞에서 보는 듯 당겨서 보고, 멀리 하늘의 달과 별들도 가까이 당겨서 봅니다. 현미경을 만들어서 세균도 보고 피 속의 백혈구도 봅니다. 첩보위성은 사람이 볼 수도 없는 높은 하늘에서 땅위는 물론이고 땅속에서 이루어지고 있는 작은 일들까지 보고 있다고 합니다. 캄캄한 밤중에도 볼 수 있는 기계를 만들어서 샅샅이 살펴보고 있습니다. 컴퓨터 마우스만 이리저리 돌리면 세계가 보입니다. 책장 하나를 가득 채웠던 수십 권의 책에 들어 있던 방대한 자료가 마우스가 가는 대로 눈앞에 보입니다.

참으로 잘 보고, 자세히 보고, 많이 보는 시대에 살고 있습니다. 그러나 나 자신은 제대로 보지 못합니다. 내 속의 죄도, 허물도 제대로 못 봅니다. 그저 엉뚱한 눈만 밝아졌습니다. 나를 보는 훈련이 가장 귀한 훈련입니다.

외식하는 자여 먼저 네 눈 속에서 들보를 빼어라 그 후에야 밝히
보고 형제의 눈 속에서 티를 빼리라(마 7:5)

말을 항상 은혜 가운데서 소금으로 고르게 함 같이 하라

말만큼 귀한 것이 없습니다. 말만큼 천한 것이 없습니다. 말만큼 선한 것이 없습니다. 말만큼 악한 것도 없습니다.

좋은 말을 하면 금보다도 귀합니다. 나쁜 말을 하면 오물보다 더 천합니다. 좋은 말을 하면 악인을 선인으로 바꿀 수 있습니다. 나쁜 말을 하면 선한 사람도 악인으로 변하게 됩니다.

하루에도 가장 많이 하는 것이 말입니다. 눈뜨면 시작해서 잠이 들어야 조용해집니다. 하루에도 몇 번씩 멀쩡한 사람들을 실망의 구렁텅이로 밀어 넣는 것이 말이고 하루에도 몇 명씩 좌절의 구덩이에서 헤매는 사람들을 이끌어 올리는 것도 말입니다.

"말을 하되 항상 은혜 가운데서 소금으로 고르게 함 같이 하라"고 말씀하십니다. 소금을 고루 사용하면 모든 것에 유익합니다. 적당한 소금을 음식에 뿌리면 맛이 납니다. 소금이 없는 음식은 먹을 수 없습니다. 적당한 소금을 배추에 뿌리면 뻣뻣하게 날뛰던 배추가 고분고분해집니다.

소금처럼 좋은 말이 뿌려지면 강도도 변화됩니다. 적당한 소금이 뿌려지면 썩던 것들이 썩지 않습니다. 적당한 말이 우리의 삶에 뿌려지면 삶이 썩지 않습니다. 물건만 골라 사지 말고 말을 골라 쓰십시다.

너희 말을 항상 은혜 가운데서 소금으로 고르게 함 같이 하라 그리
하면 각 사람에게 마땅히 대답할 것을 알리라(골 4:6)

구하라, 찾으라, 문을 두드리라

누군가에게 내 필요를 아뢰고 구할 수 있는 대상이 있는 사람은 행복한
사람입니다. 고아가 왜 불쌍합니까? 고아의 불행이 어디에 있습니까?
자기의 필요를 구할 대상이 없는 것이 고아의 불행입니다. 아파도 아프다는
말을 할 대상이 없습니다. 외로워도 이 외로움을 달래 줄 사람이 없습니다.
춥고 배가 고파도 따뜻한 옷 한 벌, 따끈한 국물 한 모금을 주저 없이
달라고 할 대상이 없습니다. 독방에 홀로 갇혀 있는 죄수의 불행이 어디에
있습니까? 대화할 사람이 없습니다. 갖고 싶은 것을 구해도 주는 사람이
없습니다. 보고 싶은 것을 찾아도 찾을 수 없습니다. 먹고 싶은 것을 달래도
주는 사람이 없습니다. 문을 아무리 두드려도 열어 줄 사람이 없습니다.
하나님을 떠난 사람은 고아와 같습니다. 심령이 상해도 감싸 줄 대상이
없습니다. 영혼이 갈해도 채워 줄 대상이 없습니다. 마지막 이 땅을 떠나는
날 아무리 발버둥쳐도 죽음의 사자 앞에서 건져 줄 그 아무도 없습니다.
하나님을 떠난 사람은 독방의 죄수와 같습니다. 구할 곳이 없습니다.
세상에서 온갖 것을 찾아도 만족이 없습니다. 아무리 천국문을 두드려도
열리지 않습니다. 구하면 주시는 하나님, 찾으면 여기 있다 하시는 하나님,
두드리면 열어 주시는 하나님. 오! 하나님 감사합니다.

구하라 그러면 너희에게 주실 것이요 찾으라 그러면 찾을 것이요
문을 두드리라 그러면 너희에게 열릴 것이니(마 7:7)

인내를 온전히 이루라

인내만큼 좋은 약이 없습니다. 아무리 좋은 약이라도 부작용이 있는 사람이 있습니다. 인삼이 좋아도 열이 많은 사람에게는 오히려 해가 된다고 합니다. 똑같은 약이라도 어떤 사람에게는 이롭고 어떤 사람에게는 독이 됩니다. 살 빼는 약을 허약한 사람이 먹으면 쓰러집니다. 살찌는 보양제를 비만한 사람이 먹으면 저울이 고생합니다.

옛날 먹을 것이 없던 시골에서는 쥐를 잡으려고 고구마에 약을 탄 것을 아이가 잘못 먹고 불행을 당한 경우도 있었습니다. 저희 마을에서는 쥐약 탄 음식을 먹고 동네 개들이 줄줄이 죽었고 우리 집 강아지도 명단에 끼어 눈이 퉁퉁 붓도록 울었던 기억이 있습니다.

그러나 인내라는 약은 부작용이 전혀 없습니다. 맛이 좀 쓰고 고통이 따르긴 하지만 이 약만 잘 복용하면 영육의 건강을 얻습니다.

이 약은 동양인에게도, 서양인에게도 잘 듣습니다. 알레르기성 체질에도 부작용이 없고, 임산부가 복용해도 좋습니다. 특이체질을 가졌어도 좋고, 체중조절과도 전혀 상관이 없습니다. 허약한 사람이 먹으면 살이 찌고, 살이 찐 사람이 먹으면 살이 빠집니다. 이름하여 만병통치약입니다.

인내의 약이 쓰고 고통이 따르긴 하지만 온전히 이루어보십시오 모든 것을 구비한 부족함이 없는 사람으로 거듭날 것입니다. 지금 이 약을 복용 중에 있습니까? 끝까지 복용하여 효험을 보시기 바랍니다.

먼저 남을 대접하라

대접하는 사람은 예수님의 마음을 닮은 사람입니다. 예수님은 만왕의
왕으로서 대접만 받으셔야 할 분이십니다. 그렇지만 예수님의 일생은
대접하는 삶이었고 섬기는 삶이었습니다.

회사에서는 입사 서열이 있습니다. 심부름하는 데도 서열이 있고 걸레질을
해도 서열이 있습니다. 서열을 깨고 먼저 섬기는 선배를 만나기란 쉬운 일이
아닙니다. 특히 군대라는 특수집단에서의 서열은 면도날보다 날카롭습니다.
하루 차이를 밥 세 그릇 차이로 말하는 선배는 부드러운 사람입니다.
24시간으로 계산하고 1,440분으로 확대하고 86,400초로 계산해서 이만큼
너보다 앞서니 나를 하늘처럼 우러러보라고 큰소리 칩니다.

남을 대접하는 삶이 그리스도인의 삶입니다. 대접이란 꼭 음식을 차려놓고
초청하는 것만은 아닙니다. 존경도 대접이요 인정도 대접입니다. 칭찬도
대접이요 격려도 대접입니다.

대접을 받고 싶은 사람은 먼저 남을 대접하라고 했습니다.

나는 무시하면서 존경받기를 원하고, 질책만 하면서 칭찬 받기는 원하고,
나는 누구도 인정해 주지 않으면서 남에게는 인정받기 원해서는 안됩니다.
대접도 먼저 하고, 칭찬도 먼저 하고, 격려도 먼저 하고, 사랑도 먼저 합시다.

> 그러므로 무엇이든지 남에게 대접을 받고자 하는 대로 너희도 남을
> 대접하라 이것이 율법이요 선지자니라(마 7:12)

•복(福)•이•되•는•일•

믿음을 굳게 하여 마귀를 대적하라

마귀를 대적하는 길은 믿음을 굳게 하는 것입니다. 믿음이 든든치 못하면
마귀가 뚫고 들어옵니다. 성벽이 높고 두꺼우면 적군이 침범하지 못하듯이
믿음이 든든하면 마귀가 대적을 할 수 없습니다.

고어텍스라는 등산복이 있습니다. 일명 기적의 섬유라고 불리는 고어텍스는
땀은 밖으로 배출하고 외부의 습기와 바람은 차단시켜 주는 특수한
재질입니다.

얼마 전 지리산으로 촬영을 갔습니다. 10월 중순인데도 얼마나 추운지
우박이 쏟아지고 얼음도 얼었습니다. 일몰을 찍겠다고 산꼭대기에서 몇
시간을 기다렸습니다. 바람은 얼마나 세차게 부는지 삼각대에 받쳐 놓은
카메라가 넘어질 것 같았습니다. 가져간 옷은 모조리 껴입고 수건으로
얼굴을 감싸도 추위를 이기기 힘들었습니다.
이 때 몇 사람의 사진작가들이 올라왔습니다. 그들은 한결같이 고어텍스를
입고 있었습니다. 그들은 추운 기색이 별로 없었습니다. 이듬해 모처럼
50%세일을 해서 고어텍스를 장만했습니다.

10월 중순 설악산을 올랐습니다. 저녁 노을이 지는 대청봉 정상에
찬바람이 몰아쳤습니다. 이때다 싶어 고어텍스를 꺼내 입었습니다.

○순○종○의○열○매○ㅣ○

뼛속까지 스며들던 찬바람이 하나도 들어오지 않았습니다. 쓰다보니
고어텍스 선전을 많이 했습니다.

믿음에도 고어텍스가 있습니다. 내 속에 있는 욕심과 정욕, 불신은 밖으로
내보내고 악한 마귀는 철저하게 막아주는 믿음의 고어텍스!
믿음을 굳게 하여 마귀를 대적합시다.

너희는 믿음을 굳게 하여 마귀를 대적하라 이는 세상에 있는 너의
형제들도 동일한 고난을 당하는 줄을 앎이니래(벧전 5:9)

• 복(福) • 이 • 되 • 는 • 일 •

좁은 문으로 들어가라

마귀가 만들어 놓은 문은 크고 화려합니다. 잘 보이고 아름답게 꾸며져 있습니다. 사람을 타락시키는 유흥업소나 술집들은 아름답게 장식되어 있습니다. 네온도 화려하고 디스플레이도 화려합니다. 음악도 화려하고 조명도 화려합니다. 맞이하는 사람들도 화려합니다.

식물의 세계에서도 벌이나 곤충을 잡아먹는 특이한 꽃이 있습니다. 아름다운 꽃 봉우리를 활짝 벌리고 향기까지 발하여 곤충을 유혹합니다. 이를 본 곤충이 꽃 안으로 날아듭니다. 그 순간 꽃은 봉우리를 닫고 서서히 그 속에 갇힌 곤충을 녹여 먹습니다. 꼭 마귀와도 같다는 생각을 했습니다. 화려하게 장식한 문을 넓게 열어 놓고 향기까지 발하여 사람들을 미혹합니다. 이렇게 걸려든 영혼들을 서서히 녹여 먹습니다.

하나님께서 열어 놓으신 문은 좁습니다. 길도 좁고 험합니다. 눈으로 보기에 화려함도 없습니다. 향기도 없습니다. 들어가기 힘든 문이요 그 문으로 통하는 길은 고난의 길이요 인내의 길입니다.

하나님께서는 좋은 것을 쉽게, 몽땅, 무분별하게 주시지 않습니다. 그러나 때에 따라 주시는 좋은 것들은 우리를 천국으로 인도합니다.

마귀는 좋은 것을 쉽게, 몽땅, 무분별하게 줍니다. 그러나 이내 올가미로 얽어매서 지옥으로 끌고 갑니다. 힘들어도 좁은 문으로 갑시다. 고난이 있어도 좁은 길로 갑시다.

좁은 문으로 들어가라 멸망으로 인도하는 문은 크고 그 길이 넓어
그리로 들어가는 자가 많고 생명으로 인도하는 문은 좁고 길이 협
착하여 찾는 이가 적음이니래(마 7:13~14)

·복(福)·이·되·는·일·

네 속에 있는 빛이 어둡지 아니한가 보라

이 글을 쓰고 있는 제 방이 어두웠습니다. 방 한가운데 전등이 하나 있는데
어두워서 글을 조금 쓰면 눈이 피곤했습니다. 그래서 스탠드를 하나
장만했는데 스탠드 바로 아래는 너무 밝고 주위는 어두워서 그것도 좋지
않았습니다. 생각 끝에 밝은 전등 하나를 추가하기로 하고 세운상가에서
구입해다 열심히 달았습니다. 스위치를 올리는 순간 "바로 이거야!"라고
소리쳤습니다. 이제는 밝은 불빛 아래서 글을 쓰고 있습니다.

중요한 모임이 있는 날 아침이었습니다. 분주하게 이것저것을 준비하고
있는데 갑자기 정전이 되었습니다. 아직 이른 새벽이라 온통 집안이
어두움으로 휩싸였습니다. 옷이 어디 있는지, 양말은 어디에 있는지, 어떤
색깔의 넥타이를 매야 할지, 머리를 감아야 하는데 드라이어를 쓸 수도
없었습니다. 마음은 급하고, 어디에 무엇이 있는지 분간할 수도 없었습니다.
겨우 겨우 더듬어서 양초에 불을 밝혔으나 불편하기 짝이 없었습니다. 대충
짐작해서 차려입고 집을 나서긴 했는데 세탁해야 할 와이셔츠를 입고
어울리지도 않는 넥타이를 매고 있었습니다. 그 날 하루는 엉망이었습니다.
내 속에 빛이 없으면 삶이 엉망이 됩니다. 어떻게 살아야 할지도, 어느 길이
생명의 길인지도 알 수 없습니다. 내 속에 예수의 빛이 있어야 합니다.
빛 되신 예수께서 내 안에 계셔야 시온의 대로로 걸어갈 수 있습니다.

그러므로 네 속에 있는 빛이 어둡지 아니한가 보라(눅 11:35)

거짓 선지자들을 삼가라

가짜가 더 화려한 경우가 많습니다. 모조품의 겉을 더 아름답게 꾸밉니다. 속이 비어 있을수록 화려하게 포장합니다. 곤충을 삼키는 꽃이 있습니다. 아름다운 자태를 한껏 뽐내며 곤충을 유혹하고는 통째로 삼켜버립니다. 독버섯도 아름답습니다. 색깔이 아름답습니다. 개미귀신이라는 작은 곤충이 있습니다. 모래밭에 아주 예쁜 집을 짓습니다. 모래를 나팔 모양으로 파놓습니다. 그렇게 매끄럽고 정교할 수가 없습니다. 저도 그렇게 파볼려고 애를 썼으나 도저히 따라갈 수가 없었습니다. 개미귀신은 이렇게 집을 짓고는 개미가 지나가기를 기다립니다. 개미 한 마리가 아름다운 집을 보고 다가옵니다. 참 잘 지었다는 감탄이 끝나기도 전에 매끄러운 모래집으로 미끄러져 들어갑니다. 이미 개미귀신은 맨 밑에서 입을 벌리고 기다리다 미끄러져 내려오는 개미를 덥석 물고 모래 속으로 끌고 들어갑니다. 아무리 발버둥을 쳐도 한 번 빠져 들어간 개미는 빠져 나올 수가 없습니다. 거짓 선지자는 개미귀신과 같습니다. 겉모습을 아름답게 포장하고 성도를 유혹합니다. 양의 옷을 입기도 하고, 천사로 가장하기도 합니다. 개미가 개미귀신에게 붙잡히듯 거짓선지자들이 파놓은 미혹의 함정에 빠지면 빠져 나올 수가 없습니다.

거짓 선지자들을 삼가라 양의 옷을 입고 너희에게 나아오나 속에는
노략질하는 이리라(마 7:15)

∘복(福)•이•되•는•일∘

하나님의 뜻을 분별하라

아버지의 뜻을 분별하는 자녀는 사랑을 받습니다. 용돈도 넉넉하게 받습니다. 아버지의 뜻을 도무지 분별 못하는 자녀는 걱정만 끼쳐드리게 됩니다. 사장님의 뜻을 분별하는 직원은 쓰임을 받습니다. 승진도 합니다. 사장님의 뜻이 어디에 있는지 도무지 파악을 못하는 직원은 회사에 짐만 되고 회사가 어려울 때 조기 퇴직 1호가 됩니다.

임금의 뜻을 분별하는 신하는 임금의 신임을 얻어 등용됩니다. 나라의 든든한 기반이 되고 백성의 칭송을 받게 됩니다. 임금의 뜻을 도무지 분별 못하는 신하는 나라를 어지럽게 합니다. 우리는 하나님의 자녀입니다. 하나님의 백성입니다. 하나님 나라의 기업입니다. 하나님의 자녀가 하나님의 뜻을 분별하지 못하고 제멋대로 살아서는 안됩니다. 아버지는 뜨거운 것을 원하시는데 아들이 얼음을 갖다드리면 어떻겠습니까? 하나님의 뜻을 분별하기 위해서는 이 세대를 본받지 말아야 합니다. 마음을 새롭게 하여 변화를 받아야 합니다. 영적 예배를 드림으로 영적으로 예민해야 합니다. 늘 말씀을 읽음으로 내게 주시는 하나님의 뜻을 발견해야 합니다. 늘 기도함으로 하나님과 나누는 기도의 전화코드가 항상 연결되어 있어야 합니다. 하나님의 뜻을 분별하는 자가 참 자녀입니다.

너희는 이 세대를 본받지 말고 오직 마음을 새롭게 함으로 변화를 받아 하나님의 선하시고 기뻐하시고 온전하신 뜻이 무엇인지 분별 하도록 하라(롬 12:2)

°순•종•의•열•매• I •

거저 받았으니 거저 주어라

우리는 거저 받은 것이 많습니다. 아니 거저 받지 않은 것이 없습니다. 이 세상에 그 누구가 태어날 때 금덩어리를 쥐고 태어난 사람이 있습니까? 누가 지식을 소유한 채 태어났습니까? 누가 옷을 입고 태어났으며 자격증을 손에 쥐고 태어났습니까? 명함 한 장 가져오지 못했고 흔한 신용카드 한 장 없이 이 땅에 오지 않았습니까?

얼마 전 식당에서 저녁을 먹고 계산을 하려는데 앞사람이 카드로 계산을 하고 있었습니다. 안주머니에서 지갑을 척 꺼내고는 자신 있게 열어 젖혔습니다. 거기에는 어림잡아 10여 종은 될 것 같은 신용카드가 줄지어 서 있었습니다. "오늘 저녁은 저를 선택해 주세요. 주인님!" 하는 것처럼 얼굴들을 드러내고 있었습니다. 그 손님은 그 중 하나를 꺼내더니 계산을 했습니다. 그 손님이 태어났을 때는 분명히 한 장도 없었을 텐데 참 많이도 받았구나 라는 생각을 했습니다. 그렇지만 그 손님이 그것들을 거저 받았다고 생각하지는 않을 것입니다. 뼈빠지게 수고해서 소유했다고 하겠지요

우리는 거저 받은 것이 많습니다. 생명도 거저 받았고, 복음도 거저 받았습니다. 만약 생명과 복음을 노력으로 얻는다면 1,000년을 벌어도 예약도 못할 것입니다.

﹒복(福)﹒이﹒되﹒는﹒일﹒

거저 받은 생명, 하나님과 이웃을 위해 헌신하고, 거저 받은 복음, 죽어 가는
영혼을 위해 주어야 할 것입니다.

병든 자를 고치며 죽은 자를 살리며 문둥이를 깨끗하게 하며 귀신
을 쫓아내되 너희가 거저 받았으니 거저 주어라(마 10:8)

ㅇ순ㆍ종ㆍ의ㆍ열ㆍ매ㆍㅣㅇ

모든 것을 적당하게 하고 질서대로 하라

"적당하다"라는 말이 참 좋은 말입니다. 부족하지도 않고 지나치지도 않은 가장 필요에 적합한 것을 의미합니다. 지나친 것이 부족한 것보다는 좋은 것 같으나 그렇지 않습니다. 부족할 때보다 지나칠 때 불행해지기 쉽습니다. 가난한 때는 자장면만 먹어도 행복하고 단칸방에서도 웃음꽃이 피었는데 재산이 지나치다 보면 스테이크를 먹으면서도 맛을 모르고 호화 주택에서도 평안을 누리지 못할 경우가 많습니다. 그래서 성경은 "나를 부하게도 마옵시고 가난하게도 마옵소서" 했습니다. 부해서 교만할까 염려되고 가난해서 도적질할까 두려워함이라고 했습니다.

적당한데서 멈추기가 쉽지 않습니다. 모처럼 길이 뚫리면 규정속도를 지키기가 어렵습니다. 적당한 속도를 벗어나는 것이 대부분입니다. 적당한 재산에서 기업을 유지하기가 쉽지 않습니다. 문어발 식으로 여기저기 투자해서 규모를 늘려 나갑니다. 모두 욕심이라는 열차를 타고 경쟁이라는 고속버스를 탑니다. 가속도를 감당도 못하면서 달리다 보면 작은 장애물도 피하지 못하고 전복되고 맙니다.

하나님 나라는 부족함도 지나침도 없는 적당한 나라입니다. 무질서가 아닌 질서의 나라입니다. 욕심을 버리고 질서를 지킵시다.

모든 것을 적당하게 하고 질서대로 하라(고전 14:40)

• 복(福) • 이 • 되 • 는 • 일 •

집에 들어가면서 평안하기를 빌라

우리의 삶에서 가장 필요한 것을 의식주라고 합니다. 입고, 먹고, 생활할
거처가 있는 것, 가장 기본 되는 요소입니다. 그러나 여기에 평안이 없으면
아무 가치가 없습니다. 전등이 있어도 전기가 불을 밝혀야 가치가 있듯이
우리 삶에서 평안이 빠지면 어두운 밤이나 다름없습니다. 이태리제 쇼파에
불안하게 앉아 있는 것보다 나무 의자에서 평안을 누리는 것이 복입니다.
예수님은 이 땅에 평안을 주러 오셨습니다.

"평안을 너희에게 끼치노니 곧 나의 평안을 너희에게 주노라 내가 너희에게
주는 것은 세상이 주는 것 같지 아니하니라 너희는 마음에 근심도 말고
두려워하지도 말라." "이것을 너희에게 이름은 너희로 내 안에서 평안을
누리게 하려 함이라 세상에서는 너희가 환난을 당하나 담대하라 내가
세상을 이기었노라 하시니라." "이날 곧 안식 후 첫날 저녁 때에 제자들이
유대인들을 두려워하여 모인 곳에 문들을 닫았더니 예수께서 또 가라사대
너희에게 평강이 있을지어다 아버지께서 나를 보내신 것 같이 나도 너희를
보내노라." 예수님의 제자인 우리들은 어디에 가나 평안을 빌어 주는
평화의 사도가 되어야 할 것입니다.

이 글을 읽는 모든 분께 예수 그리스도로부터 오는 평안이 있기 바랍니다.

또 그 집에 들어가면서 평안하기를 빌래(마 10:12)

하나님의 전신갑주를 입으라

군인은 언제나 완전군장으로 출동할 태세가 되어 있습니다. 이 완전군장만
되어 있으면 어떠한 환경 어떠한 조건에서도 임무를 수행할 수 있고 적과도
싸울 수 있습니다. 땅굴을 팔 수도 있고 집을 지을 수도 있습니다. 그러나
이 여러 가지 중에서 한 가지라도 챙기지 않으면 적을 이길 수 없습니다.
다 갖추었는데 총을 빠뜨려도 안되고, 별 것 아닌 삽 한 자루도 없어서는
안될 생명과 직결되는 연장입니다.

종종 촬영 여행을 떠납니다. 몇 일을 깊은 산에서 지낼 때가 있습니다.
출발 몇 일 전부터 치밀하게 준비해야 합니다. 계절에도 맞추고, 기후에도
맞추어야 합니다. 가져가야 할 도구들을 적어놓고 하나하나 체크하며
배낭에 넣습니다. 배낭 하나에 들어가는 도구만도 40가지가 넘습니다.

이 여러 가지 중 하나라도 빠뜨리고 가는 날이면 큰 낭패를 가져옵니다.
집에 있을 때는 별 것 아닌 흔한 것인데도 깊은 산에 혼자 남게 되면 별 것
아닌 것이 생명과 연결될 수도 있습니다.

우리는 강한 적과 언제나 싸우고 있습니다. 마귀는 언제나 우리를
공격합니다. 그러기에 하나님께서 주신 전신갑주를 입지 않으면 마귀를
이길 수 없습니다. 진리의 허리띠, 의의 흉배, 평안의 신, 믿음의 방패,
구원의 투구, 성령의 검을 가지고 마귀를 물리쳐야 합니다.

마귀의 궤계를 능해 대적하기 위하여 하나님의 전신갑주를 입으래(엡 6:11)

• 복(福) • 이 • 되 • 는 • 일 •

뱀같이 지혜롭고 비둘기같이 순결하라

저만큼 뱀을 많이 보고 많이 잡은 사람도 드물 것입니다. 땅꾼도 아니고 뱀 장사도 아니지만 뱀을 수없이 잡았습니다. 제가 살던 고향은 경상남도 함양군에 있는 깊은 산골입니다. 지리산 중봉이 멀리 바라보이는 제가 살던 마을에는 몇 가지 많은 것이 있습니다. 봄에는 개구리가 많고 여름에는 반딧불이 많았습니다. 가을에는 메뚜기가 많고 겨울에는 눈이 많았습니다. 그 중에 또 한가지가 있다면 뱀입니다. 뱀은 봄부터 가을에 이르기까지 거의 하루도 안보는 날이 없을 정도로 많았습니다. 논에도 많고 밭에도 많고 집 마당에도 많았습니다. 저수지에서 수영을 하노라면 옆에서 같이 수영을 했습니다. 도시에 사는 분들은 기겁을 하겠지만 우리 동네 아이들은 그것이 자연이요 삶이었습니다. 뱀은 재빠릅니다. 얼마나 민첩한지 모릅니다. 위기를 당하면 눈 깜짝할 사이에 어디론가 숨어버립니다.

뱀같이 지혜로우라는 말씀은 뱀의 간교함을 배우라는 것이 아니라 상황을 민첩하게 깨닫고 적절하게 움직이는 지혜를 배우라는 것일 것입니다.

세상이 얼마나 악합니까? 그때그때 민첩한 판단을 못하면 마귀의 올무에 걸리기 쉽습니다. 지혜가 필요합니다. 거기에 비둘기의 순결함을 더해서 세상에 빠지지 않고 그리스도인의 정결한 삶을 살아야 할 것입니다.

보라 내가 너희를 보냄이 양을 이리 가운데 보냄과 같도다 그러므
로 너희는 뱀같이 지혜롭고 비둘기같이 순결하라(마 10:16)

관용을 모든 사람에게 알게 하라

그리스도인은 마음이 넓어야 합니다. 하나님의 사랑과 용서가 넓으시니 우리도 넓어야 합니다. 하늘을 두루마리 삼고 바다를 먹물 삼아도 한없는 하나님의 사랑은 다 기록할 수 없다고 찬송을 부르고 있습니다.

요즘은 만년필을 쓰지 않지만 예전에는 만년필이 주된 필기구였습니다. 졸업선물로 최고는 고급 만년필이었습니다. 그렇게 갖고 싶었던 만년필을 졸업 선물로 받았습니다. 손이 떨려서 포장지를 제대로 풀 수 없었습니다. 포장을 뜯어보니 예쁜 만년필이 저를 기다리고 있었습니다. 만년필에 잉크를 넣을 때는 뚜껑을 열고 딱딱한 껍질을 돌려 빼면 속에 말랑말랑한 고무주머니가 있습니다. 잉크병 속에 만년필 머리를 넣고 고무주머니를 펌프질하면 잉크가 주머니 속에 가득합니다. 이렇게 해서 글을 쓰면 기분이 하늘을 찔렀습니다. 잉크는 한 병만 있으면 오래오래 씁니다.

얼마나 많은 글들을 쓸 수 있는지 모릅니다. 그런데 그토록 넓은 망망대해 바다를 잉크로 삼고 하나님의 사랑을 기록한다 해도 못다 쓴다고 했으니 하나님의 사랑과 관용이 얼마나 넓고 크신가요? 그런데도 우리는 좁고 좁습니다. 작은 것도 용서하지 못하고 별 것 아닌 문제가지고도 아옹다옹 하지 않습니까? 관용을 보여 주어야 합니다. 그리스도인의 관용을 모든 분이 보고 저들도 구원받을 수 있도록 모델이 되어야 합니다.

너희 관용을 모든 사람에게 알게 하라 주께서 가까우시니래(빌 4:5)

∘복(福)∙이∙되∙는∙일∘

수고하고 무거운 짐진 자들아 다 내게로 오라

세상에 좋은 소식이 많습니다. 선착순 100명에게 고급 커피잔 증정, 5만원 이상 구입 고객에게 키친 타월 증정, 100번째 입장객에게 모피코트 증정, 경품 당첨자에게는 승용차 증정 등 그럴싸한 상술에 끌려 많고 많은 주부들이 민족의 이동을 합니다.

세상에 좋은 선포가 있습니다. TV시청료를 인하합니다, 해외 여행을 자유화합니다, 통행금지를 해제합니다, 그린벨트를 풀겠습니다 등 생활을 편리하게 하는 조처들이 선포되었습니다. 그러나 이런 소식들이 얼마나 우리를 즐겁게 했습니까? 커피잔 하나 받고자 새벽부터 줄서서 받고는 어디다 쓰셨나요? 3만원만 쓰면 될 것을 키친 타월 하나 받으려고 계획도 없는 2만원 더 쓰고 그 키친 타월이 얼마나 유익을 주셨나요? 해외 여행 자유화가 가져온 국가의 경제파탄은 무엇이며 통행금지 해제로 생겨난 음란과 범죄는 또 무엇인가요? 세상의 소식은 좋은 것 같아도 별 것 아닙니다. 세상의 선포는 대단히 편리한 것 같아도 유익이 없습니다. "수고하고 무거운 짐진 자들아 다 내게로 오라!" 이 예수님의 소식은 인류 최고의 소식입니다. 엄청난 축복의 선포입니다. 걱정 근심의 짐 죄악의 짐을 내가 대신 지겠다고 선포하는 축복의 메시지가 세상 또 어디에 있단 말입니까? 예수께로 나가 짐을 맡겨야 합니다. 오직 예수밖에는 없습니다.

수고하고 짐진 자들아 다 내게로 오라 내가 너희를 쉬게 하리래(마 11:28)

○순○종○의○열○매○1○

지혜가 부족하거든 하나님께 구하라

지혜가 세상에 있는 줄 압니다. 지혜가 대학에 있는 줄 알고 목숨걸고
대학의 문을 두드리고, 지혜가 도서관에 있는 줄 알고 밤늦도록 책과
씨름합니다. 지혜가 경험에 있는 줄 알고 많은 것을 경험합니다. 지혜가
사람에게 있는 줄 알고 스승을 찾아다닙니다. 그러나 지혜는 그런 곳에
없습니다. 지혜인 것처럼 보여서 찾아보면 지혜가 아닙니다. 잠시 가려움을
긁어줄 뿐 그 이상은 아닙니다.

유비는 지혜를 발견했습니다. 제갈공명이라는 천하의 지혜가 홀로 묻혀
살고 있었습니다. 그 지혜를 얻기 위해 관우와 장비를 데리고 찾아갑니다.
출타 중이면 기다리고, 낮잠을 자고 있어도 기다리면서 지혜를 얻기 위해
최고의 예우를 갖추고 기다리고 사모했습니다. 그리하여 결국 제갈공명의
지혜를 얻은 유비는 열악한 조건과 세력에서 일약 조조와 손권과 세력을
삼등분 하는 막강한 힘으로 뻗어 나갑니다. 제갈공명의 지혜 앞에 무릎 꿇지
않은 장수가 없었습니다. 그의 지혜 앞에 바람도 방향을 바꾸는 듯
했습니다.

그러나 이런 막강한 지혜를 얻은 유비도 삼국을 통일하지 못했습니다.
한 시대를 통해 지혜의 덕분은 보았지만 그 지혜가 그의 생명을 살리지
못했습니다. 영생을 주지도 못했고 하나님도 소개해 주지 못했습니다.

∘복(福)∙이∙되∙는∙일∘

참 지혜가 무엇입니까? 하나님을 아는 것입니다. 예수 그리스도를 아는 것입니다. 지혜는 땅에 있지 않습니다. 지혜를 지으신 하나님, 지혜의 근본이신 예수 그리스도를 통해 내려오는 것입니다.

너희 중에 누구든지 지혜가 부족하거든 모든 사람에게 후히 주시고 꾸짖지 아니하시는 하나님께 구하라 그리하면 주시리라(약 1:5)

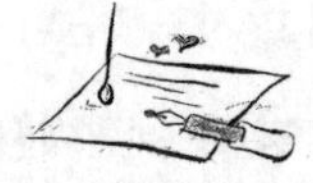

나의 멍에를 메고 내게 배우라

멍에는 자유를 속박합니다. 내 뜻과 의지에 제동을 걸어 마음대로 할 수 없게 만듭니다. 송아지가 어느 정도 자라면 멍에를 메워줍니다. 콧구멍 사이를 뚫어서 매끈한 나뭇가지를 불에 달구며 둥글게 휘어서는 그 사이에 꿰어 묶어줍니다. 목에는 굵은 나무를 얹어 고삐로 연결합니다. 그 때부터 비로소 소의 역할을 감당하게 됩니다. 멍에를 하기 전까지는 제멋대로 뛰어 다녔습니다. 남의 밭을 휘저어 놓기도 하고 채소밭을 망가뜨려 놓기도 했습니다. 전혀 도움이 되지 않는 존재였습니다. 오히려 일을 망치고 문제만 일으키는 존재였습니다. 그러나 이제는 유익한 존재가 됩니다. 짐을 나르고 밭을 갈고 농사일을 하는 소의 본연의 사명을 감당케 된 것입니다.

멍에는 좋지 않은 것 같습니다. 불편합니다. 내 마음대로 휘젓고 다니지 못합니다. 그러나 멍에를 메야 합니다. 멍에를 메어야 사명을 감당할 수 있습니다. 멍에를 메어야 오히려 자유함을 얻습니다.

예수님의 멍에는 가볍습니다. 쉽습니다. 예수님께 나오기만 하면 됩니다. 예수님의 멍에를 메면 생명의 짐을 실어 나르게 됩니다. 영생의 밭을 갈게 됩니다. 예수님의 멍에를 메지 않으면 마귀의 올무가 내 목에 걸립니다. 예수님의 멍에를 메고 생명길로 달려갑시다.

나는 마음이 온유하고 겸손하니 나의 멍에를 메고 내게 배우라 그
러면 너희 마음이 쉼을 얻으리니(마 11:29)

•복(福)•이•되•는•일•

은혜에 굳게 서라

바닷물이 밀려왔다 나가는 모래사장에 서 있으면 나가는 바닷물이 발 밑의
모래를 쓸고 나가 몸이 기우뚱해집니다. 해변의 모래는 잠시도 제자리에
있지 않습니다. 바닷물이 움직일 때마다 이리저리 움직입니다. 세상 풍조가
밀려오는 미혹의 모래사장에 서 있으면 마음이 기우뚱해집니다. 밀려오며
밀어붙이고 나가며 건드립니다. 영향을 받지 않으려 해도 받지 않을 수
없습니다.

고향 마을 개구쟁이들이 노는 공터에는 나무가 몇 그루 서 있습니다.
개구쟁이들이 축구를 하면 언제나 골대로 사용하는 나무들이 있습니다.
이 나무들이 언제나 수난을 당합니다. 새끼줄로 묶이고 공 차는 아이들에게
부딪혀 성할 날이 없습니다. 이리 부딪히고 저리 밀리다 몇 년이 지나자
말라죽고 말았습니다. 시냇가에 심겨 가뭄이 올 때에도 청청한 나무가
있는가 하면 이처럼 놀이터에 심겨 말라죽는 나무도 있습니다.

나무도 어디에 서 있느냐에 따라 재목도 되고 불에 던져지는 화목도 됩니다.
사람도 어디에 서느냐에 따라 인재도 되고 버림받는 사람이 되기도 합니다.
은혜에 서야 합니다. 하나님께서 값없이 내리시는 은혜에 굳게 서야 합니다.
그래야 마귀의 발길질이 미치지 않습니다.

> 내가 신실한 형제로 아는 실루아노로 말미암아 너희에게 간단히 써
> 서 권하고 이것이 하나님의 참된 은혜임을 증거하노니 너희는 이
> 은혜에 굳게 서라(벧전 5:12)

일흔 번씩 일곱 번이라도 용서하라

용서만큼 귀한 것도 없습니다. 이 땅에 용서가 없으면 하루도 지나지 않아 지옥으로 변하고 말 것입니다. 하나님께서 우리에게 주신 첫 번째는 사랑입니다. 그리고 이어서 주신 것이 용서입니다.

인류는 하나님의 사랑으로 시작되었습니다. 그러나 사람은 곧바로 죄를 지었고 심판에 이르게 되었습니다. 그렇지만 하나님께서는 또 용서의 은혜를 주셔서 살길을 열어 주셨습니다. 사람은 끊임없는 하나님의 용서 속에서 수천 년을 이어내려 왔습니다. 만약 하나님의 용서에 정해진 횟수가 있었다면 인류는 몇 천 년 전에 멸망하고 말았을 것입니다. 하나님께서 용서의 막대그래프를 그려 놓으시고 매일매일 그 수치를 체크하시고 심판하신다면 지금 이 글을 읽고 있을 사람도 없고 쓸 수 있는 사람도 없을 것입니다.

우리는 얼마나 용서하며 살고 있습니까? 받은 용서는 하늘같은데 바늘 같은 용서로 살고 있지는 않습니까? 작은 것도 용서하지 못하고 세월이 지나 기억 저편으로 사라져간 것까지 들추어서 꺼내 놓지는 않습니까?

예수님의 삶은 용서의 삶이었습니다. 나 같은 죄인을 살리러 오셨고 지금도 나를 용서하고 계십니다. 용서하며 삽시다.

예수께서 가라사대 네게 이르노니 일곱 번뿐 아니라 일흔 번씩 일 곱 번이라도 할지니라(마 18:22)

허리에 띠를 띠고 등불을 켜고 서 있으라

준비되어 있는 사람은 당황하지 않습니다. 월동 대책을 세운 가정은 한파가
몰아쳐도 걱정하지 않습니다. 아침에 우산을 가지고 나간 사람은 낮에 비가
오기 시작해도 걱정하지 않습니다. 언젠가 닥칠지 모르는 불황을 대비해
준비해 온 기업은 불황의 파도가 몰려와도 기업이 흔들리지 않습니다.
준비해야 합니다. 앞을 내다보고 미리 준비해야 합니다. 언제 어느 때에
어떤 일이 닥치더라도 맞이할 수 있는 준비가 되어 있어야 합니다. 기회는
준비되어 있는 사람에게 찾아옵니다. 준비되어 있는 선수에게 결정적인
찬스가 옵니다. 준비되어 있는 선수는 그 찬스를 골인으로 연결하여 스타가
됩니다. 아무리 기술이 좋아도 준비되어 있지 않으면 결정적인 찬스가 와도
헛발질을 하게 됩니다. 실력은 월등하나 인생을 헛발질하는 사람이
있습니다. 실력은 모자라나 인생의 결승골을 터뜨리는 사람도 있습니다.
종은 언제나 준비하고 있어야 합니다. 주인이 언제 올지 모르기 때문입니다.
예수님은 다시 오십니다. 언제 어떻게 오실지는 모르지만 분명히 다시
오십니다. 가장 행복한 사람은 예수님이 다시 오실 때 세상 잠에 빠져 있지
않고 깨어 기다리는 사람입니다.
허리에 띠를 띠고 등불을 켜고 서서 다시 오실 예수님을 기다립시다.

허리에 띠를 띠고 등불을 켜고 서 있으라 너희는 마치 그 주인이
혼인집에서 돌아와 문을 두드리면 곧 열어 주려고 기다리는 사람과
같이 되라(눅 12:35∼36)

○순○종○의○열○매○ㅣ○

사람의 미혹을 받지 않도록 주의하라

좋은 것이 있으면 반드시 가짜가 따라 나옵니다. 가짜가 진짜 행세를 하고

사람을 미혹합니다. 좋은 것일수록 가짜도 많이 나옵니다. 돈이 좋으니까

만원권 위조 지폐도 나오고 수표도 많이 나돌았습니다. 박사가 좋으니까

공부도 하지 않은 사람이 돈만 주고 학위를 취득한 가짜 박사가 많이

나왔습니다. 가짜 국회의원이 업자를 속여 돈을 받아내는 일도 많았고 가짜

기자가 폭로를 미끼로 무마비를 뜯어내는 일도 있었습니다. 가짜 대학생이

순진한 처녀들을 울리고 가짜 재벌 2세가 유부녀들을 미혹하여 가정을

파괴했습니다. 참으로 가짜가 많습니다. 모조품이 많습니다. 유사품이

많습니다. 이렇게 가짜가 많다보니 주의 종까지 가짜가 많아졌습니다.

김포공항을 떠날 때는 집사였는데 비행기 안에서 장로로 떴다가 LA에

내리면 목사가 되어 있다는 농담들이 한때 많았습니다.

마지막 시대가 되어가면서 거짓 선지자들이 너무도 많습니다.

내가 길이라고 나를 따르라고 외치는 사람도 많고 내가 영생이니 내게

오라는 사람도 많습니다. 십자가에서 죽음으로 실패한 예수를 내가

대신해서 왔다고 말합니다. 미혹은 멸망으로 이끌고 갑니다.

말씀에 굳게 서서 미혹을 분별하여 물리쳐야 합니다.

예수께서 대답하여 가라사대 너희가 사람의 미혹을 받지 않도록 주
의하라(마 24:4)

∘복(福)∘이∘되∘는∘일∘

악을 미워하고 선에 속하라

성경은 미워하지 말라고 가르치고 있습니다. 미움은 곧 살인이라고
강조합니다. 미움은 폭발물의 도화선과도 같습니다. 일단 미움이 마음에
자리잡고 둥지를 틀면 결국은 행동으로 옮겨집니다. 그러기에 미움이
생기는 것은 어쩔 수 없으나 마음에 머물러 있으면서 둥지를 틀 때까지
가만 두어서는 안됩니다. 성경뿐 아니라 세상의 도덕과 규범도 미워하지
말라고 가르칩니다. 어느 시대 누구를 막론하고 미워하라고 가르치는 예는
없습니다.

그러나 오늘 한 가지는 미워하라고 하십니다. 악은 미워하라는 것입니다.
다른 것은 미워하면 안되지만 악은 미워하라고 하십니다. 악은 미워해야
나와 멀어집니다. 악은 사교성이 좋아서 미워하지 않으면 금방 나와
친해집니다. 악은 접착력이 좋아서 미워하지 않으면 찰싹 달라붙습니다.
어릴 때 우리 집 강아지는 어딜 가나 쫓아 나왔습니다. 집으로 들어가라고
발을 구르고 으름장을 놓으면 몇 발짝 뒷걸음치다 제가 돌아서 가면 또
따라 나옵니다. 어찌나 끈질긴지 떼어놓기가 어려웠습니다. 학교까지
따라올까 봐 돌을 던지는 척 하면서 혼지검을 내야 겁을 먹고 집으로
달려들어가곤 했습니다. 악은 미워하고 혼지검을 내야 따라오지 않습니다.
악을 미워해야 선에 속할 수 있습니다.

사랑엔 거짓이 없나니 악을 미워하고 선에 속하라(롬 12:9)

형제를 사랑하고 우애하며 존경하기를 서로 먼저 하라

지극히 평범하고 언제나 들어온 말씀입니다. 형제를 사랑하고 우애하는 것은 항상 들어온 교훈입니다. 너무 많이 들어왔기에 오히려 소홀히 할 수도 있는 말씀입니다. 그러나 이 말씀이 중요하지 않다면 그렇게 반복해서 말씀하지 않았을 것입니다. 무엇보다도 중요하기에 동서고금을 막론하고 공통적으로 주어지는 교훈일 것입니다.

부모님께서 세상을 떠나시면서 하시는 말씀은 여러 가지가 아닙니다. 많고 많은 말씀들을 자식들에게 남기고 싶겠지만 불과 몇 가지 말씀밖에는 남기지 않으십니다. 가장 귀하다고 생각하시는 것만 남기십니다.

"형제간에 사랑하고 우애하라." "믿음생활 잘 하라." 이 말씀 외에 더 하시는 말씀은 거의 없습니다. 제 부모님도 이 말씀을 하고 가셨습니다.

또 한 가지가 더 있다면 존경하되 먼저 하라는 것입니다. 먼저 존경하고 먼저 사랑하는 것입니다. 사랑 받으니 나도 사랑하고 존경해 주니 나도 존경해 주는 것보다는 내가 먼저 하는 것이 좋습니다.

내가 먼저 주고, 내가 먼저 미소짓고, 내가 먼저 손 내밀고, 내가 먼저 머리 숙이고, 내가 먼저 칭찬하고, 내가 먼저 격려함이 좋습니다.

먼저 하는 자가 앞선 자입니다.

형제를 사랑하여 서로 우애하고 존경하기를 서로 먼저 하며(롬 12:10)

• 복(福) • 이 • 되 • 는 • 일 •

깨어 믿음에 굳게 서서 남자답게 강건하라

깨어 있는 거북이가 잠자는 토끼를 이겼습니다. 깨어 있는 보통 사람이
잠자는 수재보다 앞서게 됩니다. 깨어 있어야 합니다. 잠에 취해 있으면
실패의 어둠이 기다리고 있습니다. 삼손은 잠들어 있다가 실패했습니다.
피곤을 풀기 위한 일상의 잠이라면 자야겠지만 삼손은 심령의 잠을 자고
있었습니다. 하나님의 말씀을 잊어버린, 믿음을 잃어버린 잠입니다. 베개를
베지 않고 들릴라의 무릎을 베고 잔 세상의 잠, 쾌락의 잠이었습니다.
세상에 취해 잠들어 있으면 새벽이 오지 않습니다. 밤은 점점 깊어가고 빛은
멀어집니다. 낭떠러지로 끌려가도 의식이 없습니다. 학생시절 시험 때가
되면 친구 집에서 같이 시험준비를 했습니다. 가난하여 단칸방에서
공부하면 식구들이 잠을 잘 수가 없어 자기 방이 있는 친구 집에서 같이
밤을 새웠습니다. 어느 날 새벽 너무 졸려서 잠을 깨운다고 같이 뒷산에
올랐습니다. 어둡기도 했지만 졸음으로 거의 눈을 감은 상태로 올랐습니다.
그런데 되돌아 내려오다 깜짝 놀랐습니다. 날은 밝고 잠도 깬 상태로 보니
조금 전에 올라온 곳은 길이 아니라 채석장 위였습니다. 하마터면 수십 길
낭떠러지로 떨어져 일찍 갈 뻔했습니다. 반쯤 잠을 자며 걸어도 이 지경인데
세상의 잠을 자면 마귀가 파놓은 지옥의 채석장에 백발백중 떨어질
것입니다. 깨어 믿음에 서서 남자답게 강건하게 전진해야 합니다.

깨어 믿음에 굳게 서서 남자답게 강건하여라(고전 16:13)

그리스도의 복음에 합당하게 생활하라

학생은 학생에 합당한 생활이 있습니다. 합당한 옷차림이 있고 합당한
장소가 있습니다. 합당한 문화가 있고 합당한 언어가 있습니다.

군인은 군인에 합당한 생활이 있습니다. 주부는 주부에 합당한 생활이
있습니다. 사람은 누구나 자기 신분에 맞는 합당한 생활이 있습니다.
이 신분에서 벗어나지 않으면 질서가 잡히고 세상이 밝아집니다.
자신도 복을 누리고 남에게도 덕을 끼칩니다.

문제는 합당한 생활에서 벗어날 때 생깁니다. 학생이 벗어나면 장래를
망칩니다. 자신뿐 아니라 가정과 국가까지 어렵게 만듭니다. 군인이
벗어나면 큰 사고를 불러옵니다. 주부가 벗어나면 가정이 파괴됩니다.
핸들을 잡은 분이 벗어나면 생명을 앗아가고 조종관을 잡은 분이 벗어나면
참사를 일으킵니다. 자기 자리를 지켜야 합니다. 자동차 부속들이 자기
자리를 지켜야 안전이 보장되듯이 우리 모두는 내 자리를 지켜야 합니다.

그리스도인은 복음에 합당한 생활을 해야 합니다. 복음이 훼방 받지 않도록
생활해야 합니다. 내 생활이 복음을 증거해야 합니다.

개나리가 꽃망울을 터뜨리면 봄이 왔음을 알려 주듯이 그리스도인의
생활을 통해 세상 사람들이 예수님의 모습을 발견하도록 해야 합니다.

오직 너희는 그리스도 복음에 합당하게 생활하라(빌 1:27)

∘복(福)∙이∙되∙는∙일∘

항상 기뻐하라 쉬지 말고 기도하라 범사에 감사하라

이 책은 하나님께서 나에게 "하라"고 하신 말씀들을 기록하고 있습니다.

"하라"고 하신 많은 말씀 중에서 중요하지 않은 것이 하나도 없겠지만

이 세 가지는 특히 중요하다고 생각합니다.

바로 그리스도 예수 안에서 나를 향하신 하나님의 뜻이기 때문입니다.

저는 이 세 가지를 설명할 글이 없습니다. 그래서 여러분께 부탁합니다.

항상 기뻐하라.

쉬지 말고 기도하라.

범사에 감사하라

이 세 가지를 손수 쓰시면서 하나님의 뜻을 마음 깊이 새겨보시기 바랍니다.

____

____

____

항상 기뻐하라 쉬지 말고 기도하라 범사에 감사하라 이는 그리스도
예수 안에서 너희를 향하신 하나님의 뜻이니라(살전 5:16~18)

듣기는 속히 하고 말하기는 더디 하고 성내기도 더디 하라

사람은 모여서 삽니다. 혼자 살 수 없습니다. 모임의 연속 속에서
살아갑니다. 가정도 모임이요 직장도 모임입니다. 교회도, 학교도, 단체도,
그 어느 것이나 모여지지 않으면 일이 되지 않습니다.

모임이 이루어지면 가장 기본적인 것이 대화입니다. 두 사람만 모여도
쏟아지는 것이 말입니다. 퍼내도 퍼내도 마르지 않는 것이 말입니다. 빈부의
차이는 있어도 말에는 모두 갑부들입니다. 지식의 차이는 있어도 말에는
가난한 사람이 없습니다. 배운 사람은 배운 사람대로 못 배운 사람은 못
배운 대로 넉넉하게 가지고 다니는 것이 말입니다. 대출 받을 필요도 없고,
빌려 쓸 일도 없고, 할부로 구입 안 해도 언제나 넉넉한 것이 바로 말입니다.

대부분의 모임의 특징은 말이 많다는 것입니다. 모두가 듣기보다는
말하기에 신경을 쓰는 편입니다. 입이 붙어있지 않습니다. 자동소총이요
떡집에서 떡이 뽑아져 나오듯이 쉴새없이 쏟아져 나옵니다.
성경은 듣기를 속히 하라고 하십니다. 남의 말을 잘 들어주라는 것입니다.
말씀에 귀를 기울이라는 것입니다. 말하기보다는 듣는데 비중을 두라고
하십니다.

말하기는 더디 하라고 하십니다.

•복(福)•이•되•는•일•

한번 생각해 보고, 한번 걸러내고, 골라서 말하라고 하십니다.

성내기도 더디 하라고 하십니다. 마음을 다스리고, 감정에 치우친 분노를
자제하고 정의로운 분노를 하라고 하십니다.
입을 뒷줄로 돌려세우고 귀를 앞줄에 세우십니다.

내 사랑하는 형제들아 너희가 알거니와 사람마다 듣기는 속히 하고
말하기는 더디 하며 성내기도 더디 하라(약 1:19)

하나님의 날이 이르기를 바라보고 간절히 사모하라

하루하루 지나가는 날들 중에서 귀하지 않은 날이 없습니다. 모두가 귀합니다. 그러나 그 중에서도 특별한 날을 정하여 더욱 귀하게 여깁니다. 생일날을 귀하게 여깁니다. 결혼기념일을 귀하게 여깁니다. 옛사람이 죽고 새사람으로 거듭나는 세례 받은 날을 귀하게 여깁니다.

국가도 특별한 날을 구별하여 귀하게 여깁니다. 국경일로 정하고 국민이 일손을 멈추고 하루를 쉬면서 그 날의 의미를 되새기게 합니다. 사람은 좋은 날을 기다리고 바라보며 삽니다. 학생은 방학날을 기다립니다. 약혼자들은 결혼식날을 기다립니다. 직장인은 봉급날을 또 승진날을 기다립니다.

어릴 때 가장 기다린 날은 소풍가는 날이었습니다. 1년에 한 번 용돈을 받는 날입니다. 1년 내내 사탕하나 못 사먹고 떫은감이나 고구마, 감자만 먹다가 소풍날만큼은 달랐습니다. 아버지가 주시는 2원이면 사탕 5개, 풍선 한 개, 돌돌 말은 빵 사이에 단팥이 들은, 일년 내내 가게 앞을 지날 때마다 침을 삼켰던 그 빵을 먹을 수 있었습니다. 밤새 잠을 못 이루고 가슴 설레이며 지냈던 기억이 새롭습니다.

성도는 하나님의 날을 바라보고 사모하며 살아야 합니다. 하나님의 날은 세상의 마지막 날입니다.

ㆍ복(福)ㆍ이ㆍ되ㆍ는ㆍ일ㆍ

예수님이 재림하시는 날입니다. 영원한 새 삶이 시작되는 날입니다.

이 엄청난 날을 바라보며 한순간 한순간을 살아야 할 것입니다.

하나님의 날이 임하기를 바라보고 간절히 사모하라 그 날에 하늘이
불에 타서 풀어지고 체질이 뜨거운 불에 녹아지려니와 우리는 그의
약속대로 새 하늘과 새 땅을 바라보도다(벧후 3:12~13)

롯의 처를 생각하라

옛 일이 교훈이 되는 일이 많습니다. 아니 옛 일은 모두 교훈이 되고 거울이 됩니다. 성공한 인물의 삶도 교훈이 되지만 실패한 분들의 삶도 큰 교훈이 됩니다. 우리는 앞으로 나가야 합니다. 지나간 일에 연연하지 말고 앞을 향하여 전진해야 합니다. 과거를 들추어 내고 서로 비난하는 정치인들과 같은 자세를 본받지 말아야 합니다.

그러나 때로 우리는 되돌아볼 줄도 알아야 합니다. 어떻게 내가 여기까지 오게 되었는지도 되돌아볼 필요가 있고, 성공한 분들이 어떤 자세로 오늘 내가 당하는 일과 같은 문제를 헤쳐나갔는지 되돌아보아야 합니다. 아울러 실패한 분들의 원인이 어디에 있었는지도 뒤돌아보고 나는 그들이 걸었던 실패의 길을 걷지 않아야 합니다.

지금을 말세라고 합니다. 그러니 우리는 야구의 9회말을 살고 있는 것입니다. 9회말을 치르고 있는 선수는 한눈 팔 겨를이 없습니다. 공의 방향을 쫓아 온 시선과 신경이 집중되어야 합니다. 한 번의 실수가 지금까지 힘들여 쌓아 온 점수를 물거품으로 만들기 때문입니다. 공에서 시선을 돌려 다른 곳에 관심을 가지면 안됩니다. 9회말을 살고 있는 성도는 예수 그리스도에서 시선을 떼면 안됩니다. 불타 없어질 재물을 뒤돌아보다 소금기둥이 되어 버린 롯의 처를 생각하고 예수만 바라보아야 합니다.

롯의 처를 생각하라(눅 17:32)

• 복(福) • 이 • 되 • 는 • 일 •

위에 있는 권세들에게 굴복하라

하나님께서는 국가에 대한 우리의 자세를 가르쳐 주십니다. 각 사람은 위에
있는 권세들에게 굴복하라는 것입니다. 권세는 하나님께로 나지 않음이
없다고 하셨습니다. 모든 권세는 하나님께서 정해주신다는 것입니다.
그렇기 때문에 권세를 거스리는 것은 곧 하나님께 대한 반항이 되는
것입니다.

때로 우리는 내 뜻에 맞지 않는다고 국가를 욕하고 비난할 때가 있습니다.
어떤 분들은 국가를 바로잡겠다는 미명아래 국가 기물을 부수고 격렬한
시위까지 합니다. 국가의 통치는 권력을 잡은 분의 손에 있지 않습니다.
역사의 핸들을 잡고 계시는 분은 하나님이십니다. 하나님께서 번영의
나라로 핸들을 돌리시면 번영으로 나아가고, 하나님께서 실패의 나라로
핸들을 꺾으시면 그대로 가게 되어 있습니다.

사람이 아무리 완벽하고 잘해도 하나님께서 길을 막으시면 되는 일이
없습니다. 좀 부족하고 실수가 있다 해도 하나님께서 길을 열어 주시고 밀어
주시면 형통의 대로가 열립니다. 국가를 사랑해야 합니다. 권세를 가지고
있는 분들을 위해 기도해야 합니다. 하나님의 손길이 권세자의 손을 잡고
나라를 이끌 수 있도록 기도해야 합니다. 베드로 사도도 이렇게 권면합니다.

"인간에 세운 모든 제도를 주를 위하여 순복하되 혹은 위에 있는 왕이나 혹은 악행하는 자를 징벌하고 선행하는 자를 포장하기 위하여 그의 보낸 방백에게 하라."

각 사람은 위에 있는 권세들에게 굴복하라 권세는 하나님께로 나지
않음이 없나니 모든 권세는 다 하나님의 정하신 바래(롬 13:1)

• 복(福) • 이 • 되 • 는 • 일 •

너희 중에 죄 없는 자가 먼저 돌로 치라

어릴 때 돌팔매질을 무던히도 많이 했습니다. 저희 마을엔 돌이 많았습니다. 그래서 담도 돌로 쌓고 장독대도 돌로 깔았습니다. 산에도 온통 돌이요 밭에도 돌 천지였습니다. 길을 가도 온통 발길에 차이는 것이 돌이었습니다. 그러니 돌팔매질이 일과였습니다. 돌을 던질 대상도 많았습니다. 참새가 많으니 참새 사냥으로 던지고, 감나무가 높으니 감을 딴다고 던지고, 밤나무가 많으니 밤을 딴다고 던졌습니다. 저수지에서는 돌이 물위를 미끄러지듯이 튕겨 나가는 수제비를 뜬다고 많이 던졌습니다. 덕분에 던지는 데는 자신이 있어서 중학교 때 서울로 올라와서 던지기는 언제나 일등을 했습니다. 그런데 서울에 오래 살다보니 서울 사람들도 돌팔매질을 잘함을 느꼈습니다. 시골처럼 돌이 많지도 않은데 던지기는 더 많이 합니다. 시골 사람은 참새를 향해, 감을 향해, 밤송이를 향해 돌을 던지는데 서울 사람들은 사람의 심장을 향해 던지는 것이었습니다. 특히 선거 때만 되면 한국의 하늘은 날아다니는 돌로 하늘이 가릴 정도였습니다.

여러분은 지금 돌을 들고 계시지는 않은지요? 누군가를 향해 던지기 위해 특별히 모가 난 돌을 골라 들고 던질 준비가 되어 있지는 않나요?

예수님은 말씀하십니다. "네가 죄가 없다면 던져라."

저희가 묻기를 마지 아니 하는지라 이에 가라사대 너희 중에 죄 없는 자가 먼저 돌로 치라 하시고(요 8:7)

° 순 • 종 • 의 • 열 • 매 • Ⅰ •

자기보다 남을 낮게 여기라

사람은 대개 자기에게는 후하고 남에게는 박합니다. 자기의 큰 잘못은 축소해서 말하고 남의 작은 허물은 확대해서 공개합니다. 그래서 생겨난 말도 있습니다. 내가 돈을 마구 쓰는 것은 경제를 위함이요, 남이 돈을 쓰는 것은 사치라고 합니다. 내가 피우는 바람은 로맨스요, 남이 피우는 바람은 불륜이라고 합니다. 내가 모임에 늦은 것은 교통문제요, 남이 늦은 것은 습관이라고 합니다. 내가 한 실수는 애교요 남이 한 실수는 추태라 합니다. 성경에 나오는 우정 중에서 다윗과 요나단의 우정을 으뜸으로 꼽습니다. 그들은 서로 남을 낮게 여겼습니다. 요나단은 왕자였습니다. 그러나 시골뜨기 다윗을 자기보다 낮게 여겼습니다. 배운 것도, 배경도, 조건도, 차림새도 목동과 비교가 되지 않을 정도로 높았지만 다윗을 높였습니다. 자신은 왕자요 왕위를 계승할 위치에 있으면서도 다윗이 먼저 왕이 될 자격이라고 다윗을 앞세웠습니다. 다윗 역시 요나단을 높이고 요나단의 후손에게까지 끝까지 온정의 손길을 베풀었습니다. 그리스도인의 삶의 기본은 자기보다 남을 낮게 여기는 것입니다. 서로 높여 주면 같이 높아집니다. 그러나 서로 끌어내리면 같이 내려갑니다. 제자들의 발을 씻기신 예수님을 생각하며 우리도 발을 씻어 주는 삶이 되십시다.

아무 일에든지 다툼이나 허영으로 하지 말고 오직 겸손한 마음으로
각각 자기보다 남을 낮게 여기고(빌 2:3)

·복(福)·이·되·는·일·

악은 모든 모양이라도 버리라

불갈비 집에서 식사를 하고 나오면 몸에 갈비 냄새가 배어듭니다.
나는 느끼지 못하지만 남은 알아차립니다. 어떤 것이나 접하게 되면 그것에
영향을 받습니다. 특히 나쁜 것일수록 침투력이 강해서 금방 그것에 적응이
됩니다.
중학교 때 친구 하나가 말을 더듬었습니다. 두한이라는 친구 이름을
부르려면 두두두두 두한아 도도도도 도시락 먹자라고 했습니다.
안됐기는 했지만 허물없이 친한 사이라 친구들은 웃으면서 흉내도
냈습니다. 그런데 몇 달이 지나자 반 아이들 절반이 말을 더듬었습니다.
서서서 선생님 수수수 숙제 좀 적게 내주세요 흉내로 시작한 버릇이 실제로
옮겨져서 피해가 많았습니다.
시편 제1편은 이런 우리의 약함을 지적하고 경종을 울려 주고 있습니다.
복 있는 사람은 첫째로 악인의 꾀를 좇지 않고, 둘째는 죄인의 길에 서지
않고, 셋째는 오만한 자의 자리에 앉지 않는다 했습니다. 악에 빠지는
순서가 있습니다. 악을 좇다 보면 서게 되고 서다 보면 앉게 되어 아주
물들어 버린다는 것입니다. 악은 어떠한 모양이라도 버리라 했습니다.
아예 접근치 못하게 하고 냉정하게 대해서 옆에 오지 않도록 해야 합니다.

악은 모든 모양이라도 버리라(살전 5:22)

마귀를 대적하라

피해야 할 것이 많습니다. 정욕은 피해야 합니다. 유혹도 피해야 합니다.
욕심도 피해야 합니다. 이런 것과 정면으로 대결하면 내가 집니다. 정욕도,
유혹도, 욕심도 내 의지보다 강하기 때문입니다.

대적해야 할 것이 있습니다. 시련은 대적해야 합니다. 대적해서 물리쳐야
합니다. 피하면 자꾸 쫓아옵니다. 가난도, 우울증도, 무력감도 대적해서
물리쳐야 합니다. 이런 것들은 피하는 사람을 미사일이 목표물을
따라가듯이 끝까지 따라갑니다. 그러나 대적하면 물러갑니다.

옆집에 사나운 개 한 마리가 있었습니다. 그 집 앞을 지나기가 여간 어려운
일이 아니었습니다. 인상도 고약하게 생겨 마주치면 벌써 겁부터 났습니다.
이 녀석은 두려워 떨고 뒷걸음질을 치면 기고만장하여 으르렁댔습니다.
생각 끝에 하루는 강하게 나가기로 했습니다. 아예 돌을 하나 집어들고 눈을
부라리며 앞으로 불쑥 나섰습니다. 그러자 한풀 기가 꺾이더니
물러섰습니다. 이 때를 놓칠세라 소리를 지르며 쫓아갔습니다. 걸음아
개 살려라 하고는 꽁무니를 뺀 그 개는 그 이후로 제 앞에서는 꼬리를
내렸습니다. 마귀를 꼬리 내리게 하는 비결이 있습니다. 대적하는 일입니다.
말씀으로 무장하여 대적해야 합니다.

그런즉 너희는 하나님께 순복할지어다 마귀를 대적하라 그리하면
너희를 피하리라(약 4:7)

•복(福)•이•되•는•일•

주 앞에서 점도 없고 흠도 없이
평강 가운데서 나타나기를 힘쓰라

옛날 왕비를 간택할 때보면 조건이 까다로웠습니다. 예의범절은 물론이고 덕망과 고상한 인품을 갖추어야 했습니다. 외적으로는 인물이 출중해야 했습니다. 한 마디로 점도 없고 흠도 없어야 했습니다. 미스코리아를 뽑는데도 보면 점이 있거나 흠이 있는 사람을 보지 못했습니다. 점을 빼고 후보로 나섰는지는 모르지만 하나같이 깨끗했습니다. 일 년밖에 안 되는 짧은 기간의 미스코리아가 되기 위한 조건도 이러한데 영원한 왕이 되시고 심판주 되시는 하나님 앞에 서야 할 우리의 조건도 점도 없고 흠도 없이 깨끗해야 할 것입니다. 하나님은 얼굴의 점을 보시지 않습니다. 몸의 흠을 보시지 않습니다. 마음의 점과 흠을 보십니다. 불신의 점, 의심의 점, 불순종의 흠, 교만의 흠을 보십니다. 이런 점과 흠은 성형외과에서 뺄 수 없습니다. 교양과 지식으로도 안됩니다. 인격과 덕망으로도 안됩니다.
오직 예수 그리스도의 보혈의 피로 점도, 흠도 깨끗하게 할 수 있습니다.
지구의 종말이 오든, 개인의 죽음이 오든 인류는 반드시 하나님 앞에 서야 합니다. 천국 궁궐에 입성할 수 있는 조건은 하나뿐입니다.
예수 그리스도의 보혈의 피로 죄의 점과 흠을 씻은 자입니다.

그러므로 사랑하는 자들아 너희가 이것을 바라보나니 주 앞에서 점
도 없고 흠도 없이 평강 가운데서 나타나기를 힘쓰라(벧후 3:14)

악한 것을 본받지 말고 선한 것을 본받으라

사람은 본받으며 자라납니다. 아이는 부모를 본받습니다. 제자는 스승을 본받습니다. 동물의 세계를 보면 모두 어미를 본받으며 자랍니다. 사자도, 독수리도 어미를 본받아 꼭 그대로 살아갑니다. 오리의 걷는 모습은 우스꽝스럽습니다. 뒤뚱뒤뚱 짧은 다리로 엉덩이를 좌우로 크게 흔들며 걷는 모습은 재미있습니다. 어미 오리가 새끼 오리 다섯 마리를 데리고 걸어가고 있었습니다. 그런데 걷는 모습은 하나같이 엄마를 닮았습니다. 다른 것은 엉덩이 사이즈였습니다. 제일 쉬운 것이 본받는 것입니다. 모방입니다. 같이 있다 보면 나도 모르게 그 일을 하게 됩니다.

어릴 때 시골 아이들은 개헤엄을 잘 쳤습니다. 아는 것이 개헤엄밖에 없기 때문입니다. 아버지도 개헤엄, 형도 개헤엄, 친구도 개헤엄, 우리 집 개도 개헤엄입니다. 다른 수영법은 아예 있는지 조차도 모릅니다. 개헤엄 치는 사람과 같이 있으면 나도 개헤엄 치듯이 악한 사람과 같이 있으면 그 사람의 악을 본받게 됩니다. 그러나 선한 사람과 함께 하면 그 분의 선을 자동적으로 본받게 됩니다. 그러기에 친구가 중요합니다. 환경이 중요합니다. 취미가 중요합니다. 좋은 친구, 선한 환경, 건전한 취미를 가져야 합니다. 그러나 가장 중요한 것은 예수 그리스도를 본받는 일입니다.

사랑하는 자여 악한 것을 본받지 말고 선한 것을 본받으라 선을 행하는 자는 하나님께 속하고 악을 행하는 자는 하나님을 뵈옵지 못하였느니라(요삼 1:11)

자신을 지켜 우상에서 멀리 하라

지키는 것이 빼앗는 것보다 어렵습니다. 챔피온 자리를 지키기가 여간 어렵지 않습니다. 모든 선수들이 자기를 겨냥하고 연습하기 때문입니다. 1등을 지키기가 어렵습니다. 너도 나도 1등을 하려고 밤잠을 설치기 때문입니다.

그러나 무엇보다도 지키기 어려운 것이 하나 있습니다. 바로 나 자신입니다. 나는 너무나 많은 곳에 노출되어 있습니다. 많고 많은 유혹들이 부딪쳐옵니다.

겨울이 오면 눈싸움을 많이 했습니다. 동네 아이들이 두 패로 갈려 서로 던졌습니다. 던지기를 잘하는 아이들은 던지는 일을 맡고, 던지기에 자신이 없는 아이들은 눈을 뭉쳐 주는 일을 했습니다. 그 중에서 저는 던지는 데는 선수라 언제나 저격수가 되었습니다. 상대방이 구부려서 눈을 뭉치고 일어서는 순간을 노려서 던지면 미처 대비치 못해 많이 맞았습니다. 그러자 상대방에서 군사작전을 한 모양입니다. 저에게만 한꺼번에 공격을 해온 것입니다. 하나 하나씩이라면 피할 수 있는데 십여 명이 한꺼번에 공격을 퍼부으니 그 중에 몇 개는 피할 도리가 없었습니다.
나 자신을 지킬 도리가 없었습니다.

자신을 지키라 했습니다. 악에서 지키고 시험에서 지켜야 합니다.

특히 우상에서 지켜 멀리 하라 했습니다.

지키는 좋은 방법은 멀리 하는 것입니다. 우상을 멀리 해야 합니다.

믿음이 약한 초신자 한 분은 조용하고 한적하다는 이유로 절을 자주 찾고

가까이 하다가 우상에게 자신을 빼앗겨 영생도 빼앗기고 말았습니다.

멀리 해야 할 것은 멀리 해야 합니다.

자녀들아 너의 자신을 지켜 우상에서 멀리 하라(요일 5:21)

마음을 넓히라

좁은 것보다는 넓은 것이 좋습니다. 땅도 넓어야 좋고 집도 넓으면
좋습니다. 그래서 사람은 악착같이 벌어서 집을 넓히고 땅을 넓히려 합니다.
세력도 넓히고 인기도 넓히려 합니다. 좁아지기를 원하는 사람은 없습니다.
넓어야 풍성합니다. 미국은 넓습니다. 넓다보니 지하자원도 많고 볼 것도
많습니다. 가지가지의 자연 경관이 곳곳에 있습니다. 거대한 폭포도 많고
기기묘묘한 바위산도 많습니다. 끝도 없는 평야도 많고 동식물도 많습니다.
사슴들이 유유히 길을 건넙니다. 시카고에서 샌프란시스코까지 비행기
창가에 앉아 넓고 넓은 땅을 내려다보며 부러워한 적이 있습니다. 몇 시간을
초원 위를 나는가 하면 사막 위를 날기도 하고 산맥 위를 날기도
했습니다. 참으로 넓었습니다. 좁은 곳에 살기를 원하는 사람은 없습니다.
하다 못해 감옥에 가서도 독방을 싫어합니다. 방도 넓은 방, 집도 넓은 집,
도로도 고속도로, 이마도 넓은 이마를 원합니다.
그러나 이상하게도 마음만은 좁게 삽니다. 이해도 좁게, 사랑도 좁게,
용서도 좁게, 관용도 좁게 합니다. 다른 것들은 그렇게 넓히려고 몸부림을
치면서도 마음만은 자꾸 좁혀 들어갑니다.
자! 이제부터는 먼저 마음을 넓힙시다.

내가 자녀에게 말하듯 하노니 보답하는 양으로 너희도 마음을 넓히라(고후 6:13)

그리스도 예수의 마음을 품으라

닭이 계란을 품고 있으면 병아리가 태어납니다. 옥토가 씨앗을 품고 있으면 새싹이 돋아납니다. 구름이 비를 품고 있으면 비가 내립니다.

어떤 것이나 품고 있던 것들이 열매로 나타나게 되어 있습니다. 사람의 마음에도 무엇을 품고 있느냐에 따라 그의 생활을 통해 나타나게 되어 있습니다. 욕심을 품고 있으면 끝없이 끌어 모으는 데만 정신을 뺏긴 채 살아갑니다. 미움을 품고 있으면 눈빛으로 나타나다가 입으로 나타나게 되고 끝내는 손이나 칼로 표현되기에 이릅니다. 시기를 품고 있으면 언제나 관계가 좋지 않은 방향으로 이끌려 가게 됩니다. 그러나 사랑을 품고 있으면 따뜻한 사랑으로 표현됩니다. 관용을 품고 있으면 어떤 일이나 오해도 이해와 용서로 표현할 수 있습니다. 믿음을 품고 있으면 의심하는 일이 없습니다. 좋은 것을 품고 있어야 합니다. 학생 때 반 친구 하나가 교실에서 담배를 피우다 예기치 않게 들어오신 선생님의 목소리에 놀라 담배를 주머니에 넣었습니다. 선생님은 얼른 가시지 않고, 담배는 품안에서 타 들어가 옷에 구멍을 내고 드디어 불고기를 만들 지경까지 이르렀습니다. 지독한 그 친구는 이를 악물고 참아내기는 했지만 살을 데어 큰 곤욕을 치렀습니다. 무엇을 품어야 합니까? 그리스도 예수의 마음을 품어야 합니다. 하늘 보좌를 버리시고 죽기까지 낮아지신 겸손의 마음을 품어야 합니다.

너희 안에 이 마음을 품으라 곧 그리스도 예수의 마음이니(빌 2:5)

∘복(福)∙이∙되∙는∙일∘

여자들은 염치와 정절로 자기를 단장하라

여자의 여자다움은 아름다움에 있다고 생각합니다. "여자가 아름답지 못한
것은 죄다"라는 말이 있습니다. 심지어는 정신나간 신세대 남자는 이런
말까지 했습니다. "과거는 용서할 수 있어도 매력 없는 것은 용서
못한다"라는 것입니다. 비뚤어진 현대의 윤리관의 한 단면을 표현하는
말입니다. 과거야 불륜으로 얼룩져 있든 말든 앞으로도 그런 삶을 살든
어떻든 오늘 내게 매력적으로 보이면 된다는 말입니다. 확실히 여성들은
단장을 잘합니다. 머리끝부터 발끝까지 세심한 신경을 씁니다. 걸 수 있는
곳에는 걸고, 달 수 있는 곳에는 달고, 그릴 수 있는 곳에는 그립니다.
그러다 보니 어디까지가 진짜이고 어디까지가 포장인지 구별이 가지
않습니다. 어디까지가 눈썹이고 어디부터가 그린 것인지 알 수 없습니다.
어디까지가 입술이고 어디부터가 턱인지 구별이 안됩니다. 얇은 입술을
두껍게 그려서 턱을 침범하고 어떤 분은 입술보다 작게 그려 턱의 영토를
넓혀 주기도 합니다. 그러나 여성의 아름다움이 어디에 있습니까? 진정한
매력이 어디서 풍겨납니까? 화장입니까? 귀걸이, 목거리입니까? 값비싼
옷입니까? 결코 아닙니다. 착각할지는 몰라도 그것은 부분에 지나지
않습니다. 여성의 아름다움은 예절과 정절로 단장할 때 풍겨 나옵니다.

또 이와 같이 여자들도 아담한 옷을 입으며 염치와 정절로 자기를 단장
하고 땋은 머리와 금이나 진주나 값진 옷으로 하지 말고(딤전 2:9)

나를 위하여 울지 말고 너희와 너희 자녀를 위해 울라

우리는 문제가 남에게 있다고 생각하기 쉽습니다.

내 뼈는 썩는 줄도 모르고 남의 약간 곪은 것을 지적하기 쉽습니다. 참으로 우리는 남을 보는 눈은 2.0이상이지만 나 자신을 보는 눈은 마이너스 시력을 갖고 있습니다. 훌륭한 인물일수록 이 시력을 조절합니다. 영적인 안경을 써서 나를 보는 눈의 시력을 높여야 합니다. 반대로 남을 보는 눈의 시력은 낮게 조절해서 정상적인 시력을 유지해야 합니다.

눈이 어두우면 모든 것이 어둡습니다. 시각 장애자들이 얼마나 불편하고 어려울지 짐작은 하지만 실제 그 분들이 당하고 있는 불편과 고통에 비하면 아무것도 아닐 것입니다. 아울러 나를 보고 남을 보는 마음의 시력도 어두우면 보통 문제가 아닙니다. 차라리 아주 못 보면 조심이라도 하는데 엉뚱하게 보고 있으니 문제만 일으키고 사고만 일으키게 됩니다. 그러면서도 자신은 잘하고 있다고 생각하게 되니 문제가 아닐 수 없습니다.

십자가를 등에 지신 예수님이 골고다를 오르고 계셨습니다. 가시 면류관을 쓰신 머리엔 피와 땀이 얼룩지고 지친 발걸음은 딱딱한 돌계단에 쓰러져 애처롭기 그지없었습니다. 예루살렘의 여인들이 이 불쌍한 모습을 보고 울었습니다.

그러나 누가 불쌍합니까? 누구에게 문제가 있습니까? 죄를 사하기 위해

오르시는 예수님께 있습니까? 죄인인지도 모르고 동정심만 갓고 있는

여인들입니까? 예수님이 동정을 받을 존재입니까?

울어야 할 사람은 그들 자신입니다.

죄인인 나 자신입니다.

바로 나입니다.

예수께서 돌이켜 그들을 향하여 가라사대 예루살렘의 딸들아 나를
위하여 울지 말고 너희와 너희 자녀를 위해 울라(눅 23:28)

∘순∘종∘의∘열∘매∘Ⅰ∘

즐거워하는 자들로 함께 즐거워하고 우는 자와 함께 울라

그리스도인의 공동체의 삶은 함께 하는 삶입니다. 함께 웃고 함께 우는 삶입니다. 즐거운 일에는 같이 참여하여 즐거움을 더해 주고, 슬픈 일에도 같이하여 슬픔을 줄여 주는 일입니다. 기쁨은 더해 주어 배가시키고 슬픔을 나누어서 절반으로 줄여 주는 것입니다.

이 땅에는 기뻐해야 할 일이 자주 있습니다. 힘든 일이 너무 많다보니 기쁜 일을 기쁜 일인지 잘 몰라서 그렇지 기쁨을 발견하는 훈련을 하면 참 많습니다. 너무 큰 기쁨만 찾으려 하지 말고 작은 기쁨에도 눈을 돌리면 자꾸 생겨나게 되어 있습니다. 큰 기쁨만 찾으려 하다 보면 큰 기쁨이 와도 그것이 기쁨인지도 모르고 지나쳐 보내기 쉽습니다. 예수님이 자기 땅에, 자기 시대에 오셔도 구세주인지 모르고 죽여 버린 유대인처럼 감각이 죽어 버리기 쉽습니다.

작은 기쁨을 찾아내는 연습을 하십시오. 진수성찬은 못 먹어도 소화만 잘 되면 기쁜 일입니다. 모피코트는 못 걸쳐도 얼어죽지 않으면 기쁜 일입니다. 이 땅에는 슬픈 일도 많습니다. 슬픔의 짐은 무겁습니다.

그러나 나누어지면 가벼워집니다. 그러면 슬픔의 짐을 벗고 빨리 기쁨의 옷으로 갈아입을 수 있습니다.

즐거워하는 자들로 함께 즐거워하고 우는 자들로 함께 울래(롬 12:15)

•복(福)•이•되•는•일•

악에게 지지 말고 선으로 악을 이기라

누구나 이기기를 원합니다. 나라의 명예를 걸고 싸우는 국가대표 선수들의 경기도 이기는 것이 좋지만 별 것 아닌 동네 축구에서도 이기는 것이 기분 좋습니다. 아무런 타이틀도 걸려 있지 않고 10원짜리 시상품도 주어지지 않는 개구쟁이들의 경기도 이기려고 온갖 힘을 쓰는 것을 봅니다. 우기기도 하고 때로는 싸움까지 해가면서도 이기려고 애를 씁니다. 확실히 이기는 것은 좋은 일입니다.

중학교 때 재미있는 선생님이 계셨습니다. 그 선생님은 멋쟁이이시면서도 욕심이 많으셨습니다. 그분이 2학년 때 담임이 되셨습니다. 모두들 좋아서 환영의 박수를 쳤습니다. 첫 날 종례를 하는 시간에 선생님은 별난 반훈을 정하시고 칠판에 크게 쓰셨습니다. 반훈은 대개 "성실하자" "근면하자" "노력하자" 등이 대부분인데 선생님이 쓰신 단어는 "이기자"라는 말이었습니다. 이기자는 것입니다. 다른 반과 공부에서도 이기고, 경기에서도 이기고 성실함에서도 이기고, 모든 면에서 이기자는 것입니다. 그러나 그 어떤 것보다 중요한 승리가 있습니다. 때로는 남에게 져도 좋습니다. 그러나 반드시 이겨야 할 상대가 있습니다.

악과는 반드시 싸워 이겨야 합니다. 선으로 악을 이겨야 합니다.

악에게 지지 말고 선으로 악을 이기라(롬 12:21)

○순○종○의○열○매○Ⅰ○

모든 일을 원망과 시비가 없이 하라

일을 열심히 하는 것은 좋습니다. 부지런히 하는 것도 좋습니다.

그러나 원망 받을 일도 없고 남과 대립할 일도 없이 원만하게 하는 것이 더

중요합니다. 일은 열심히 했는데 관계가 깨지고, 부지런히 했는데도 좋았던

분위기가 오히려 악화되었다면 성공적인 일은 아닙니다.

일에 지나치게 욕심이 많은 분이 있습니다. 일은 잘 하는데 결국은 자기

만족으로 끝나고 남과는 조화를 이루지 못해 결과적으로 모두에게

불이익을 주는 분이 있습니다.

우리의 삶은 조화의 삶입니다. 자기의 역할이 있고 자기 자리가 있습니다.

공격수가 골을 넣어 박수를 받게 되고 영웅 대접을 받는다고 수비수가 자기

자리를 비워 놓고 공격 전방으로 나서면 안됩니다. 팀을 망치고 맙니다.

공격수가 골을 넣어야 그 영광과 유익이 자기에게도 오는 것입니다.

하나님께서 지으신 우리의 몸은 좋은 본이 됩니다.

눈으로 보고 머리로 판단해서 손발을 움직여 일을 합니다. 서로 내가

잘났다고 자랑하거나 원망하지도 않습니다.

같이 일을 하십니까? 조화를 이루세요 아름다운 열매가 맺힐 것입니다.

모든 일을 원망과 시비가 없이 하라(빌 2:14)

· 복(福) · 이 · 되 · 는 · 일 ·

여자는 일절 순종함으로 종용히 배우라

지금 쓰기 어려운 글을 쓰고 있습니다. 현대는 여성들의 지위가 향상되고
사회 참여도 많습니다. 물론 여성들이 사회나 국가나 교회에 미치는 영향도
대단합니다. 여성들이 아니면 안 되는 일도 많습니다. 교회도 여성의 역할이
막중하고, 지금은 여성 목회자도 세워져 말씀을 전하고 있습니다. 이러한
시점에서 "여자는 일절 순종함으로 종용히 배우라"는 말로 잘못 썼다가는
어떤 화살을 맞을지 염려됩니다.

사실 이 내용은 쓰지 않고 건너뛸까도 생각했습니다. 왜냐하면 저는
목회자가 아닙니다. 신학을 전공하지도 않았습니다. 평신도입니다. 지극히
평범한 평신도입니다. 이런 위치에서 여성들의 사역에 대해 옳다 그르다 할
지식도, 이론도 없습니다.

단지 늘 성경을 읽으면서 깨달아지는 생각을 옮겨 적고 있는 것입니다.

하나님은 질서의 하나님이십니다. 남자의 역할과 여자의 역할을 정해
주셨습니다. 남자의 책임과 의무가 있고 여자의 책임과 의무가 있습니다.
남자의 옷이 있고, 여자의 옷이 있습니다. 여자의 미덕은 순종과 협력이라고
생각합니다. 특정 전문분야나 역할에 따라 주관자가 될 수는 있어도
근본적으로 남자를 주관하거나 대표하는 일은 옳지 않다고 생각합니다.
여자의 참 행복은 돕는 배필일 때 있습니다. 여자도 얼마든지 가르치고

자신의 역량을 발휘할 수 있습니다. 다만 이 질서를 알라는 것입니다.

"그러나 나는 너희가 알기를 원하노니 각 남자의 머리는 그리스도요 여자의 머리는 남자요 그리스도의 머리는 하나님이시라"(고전 11:3).

여자는 일절 순종함으로 종용히 배우라(딤전 2:11)

• 복(福) • 이 • 되 • 는 • 일 •

누구든지 목마르거든 내게로 와서 마시라

가장 견디기 어려운 고통이 갈증입니다. 물은 곧 생명입니다.

월남전에서 군의관으로 근무했던 분이 이런 간증을 했습니다. 전장에

나갔다가 중상을 입고 후송되어온 수많은 병사들을 치료했다고 합니다.

미군도 있고 한국군도 있었습니다. 그들 중에는 중상을 입어 거의 의식이

흐려져도 계속 되뇌이는 공통적인 말이 있다고 합니다. 마지막 숨을

거두면서도 찾는 말이 있다는 것입니다. 그것은 물, 물, 물을 달라고 하는

것이라고 합니다. 미군도, 월남군도, 한국군도, 때로는 베트공도 한결같은

것은 물을 달라는 것입니다. 그토록 보고싶은 엄마도 어디로 가고, 품에

품고 다니던 애인의 사진도 잊어버리고 오직 애타게 찾고 부르짖는 것은

물을 달라는 오직 하나의 절규라고 합니다.

사람은 갈증 속에 살아갑니다. 아무리 잘 살고 풍족해도 인생의 갈증을

해소하지 못합니다. 약수터에서 약수를 받아오고, 생수기로 생수를 뽑아

먹어도 갈증을 채울 길이 없습니다.

오직 예수께로 나와야 합니다. 생수 되시는 예수 앞에 나와야 합니다.

영원히 갈증을 풀어 주시는 생수의 근원 되시는 예수를 영접해야 합니다.

불안하십니까? 평안이 없으십니까? 예수께로 나오십시오

명절 끝날 곧 큰 날에 예수께서 서서 외쳐 가라사대 누구든지 목마
르거든 내게로 와서 마시라 나를 믿는 자는 성경에 이름과 같이 그
배에서 생수의 강이 흘러나리라(요 7:37~38)

항아리에 물을 채우라

순종이 쉬운 것 같지만 그렇지 않습니다. 더군다나 내 논리에 맞지 않으면 더더욱 어렵습니다. 사람은 자기 경험을 신뢰합니다. 경험하지 않은 일에는 주저하고 그것이 일상의 논리에서 벗어나면 아예 믿으려 하지 않습니다. 조금 안다고 하는 지식이 가로막고 이치에 맞다는 과학이 가로막습니다. 믿음은 지식을 뛰어넘는 것입니다. 과학을 초월하는 것입니다. 경험을 뛰어넘는 것입니다. 인간은 어리석게도 자기 자신의 앞날도 예측하지 못하면서 안다고 생각합니다. 머리카락 하나도 희게나 검게 못하면서도 과학을 숭상합니다. 창조의 신비도, 인체의 신비도, 풀 한 포기의 신비도, 이슬방울 하나의 신비도 이해하지 못하고 경험하지 못했으면서도 경험을 신뢰합니다.

가나의 혼인 잔치에 포도주가 떨어졌습니다. 포도주가 떨어져 바닥이 난 통에 예수님께서는 물을 채우라는 것입니다. 초등학교만 나온 지식이 있어도 이 말씀에 순종할 사람은 드뭅니다. 그러나 하인의 믿음은 대단했습니다. "무슨 말씀을 하시든지 그대로 하라"는 말씀 앞에 경험도, 지식도, 과학도 뛰어넘어 기적을 창조하는 일에 주인공이 되었습니다. 믿음은 보이지 않는 것을 보이는 것으로 믿고 나가는 것입니다.

예수께서 저희에게 이르시되 항아리에 물을 채우라 하신즉 아구까
지 채우니(요 2:7)

∘복(福)∘이∘되∘는∘일∘

모든 사람으로 더불어 평화하라

적이 없이 살 수 있다면 얼마나 좋겠습니까? 미워하는 사람이 없이 살 수 있다면 얼마나 행복하겠습니까?

그러나 우리에게 적도 있고 미워하는 사람도 있습니다. 이 땅에는 평화가 없습니다. 전쟁이 없어도 시기의 전쟁, 미움의 전쟁이 있습니다. 마음속에 있는 전쟁터는 그 어느 격전지보다 넓습니다. 단단한 진지를 구축하고 전쟁을 치르고 있습니다.

하나님의 아들이 세상에 내려 오셨습니다. 평화를 주시러 오셨습니다. 평화의 왕으로 오셨습니다. 하나님의 아들은 평화를 이루는 유일한 방법으로 십자가에 죽으셨습니다. 그로 인해 하나님과 사람사이에 평화의 다리를 놓으셨습니다.

영원한 저주를 받아야 마땅한 나를 구원하시고 평화를 주신 예수님은 우리들도 서로 평화하기를 원하십니다. 거저 받았으니 거저 주어야 합니다. 모든 사람으로 더불어 평화하기는 쉽지 않습니다. 그러나 힘쓰고 노력하라는 것입니다. 할 수 있거든 모든 사람으로 더불어 평화하라고 하십니다.

평화를 이루며 삽시다. 평화를 만들어 갑시다.

할 수 있거든 너희로서는 모든 사람으로 더불어 평화하라(롬 12:18)

오직 사랑으로 서로 종 노릇하라

종이 되기를 원하는 사람은 없습니다. 종은 자유가 없습니다. 어느 것 하나 자기의 원대로 할 수 없습니다. 피곤해도 쉴 수도 없고, 아프다고 일손을 놓을 수가 없습니다. 언제나 자의에 의해 움직이지 못하고 타의에 의해 움직여야 합니다.

어릴 적 저희 마을에는 남의 집 일을 도와주는 사람들이 있었습니다. 그런 사람들을 머슴이라고 불렀습니다. 머슴은 밤낮으로 일을 하고 그 대가로 먹는 것과 자는 문제를 해결하고 추수가 끝나면 주인이 떼어주는 곡식으로 생활을 했습니다. 그 중에는 까다로운 주인을 만나 몸과 마음이 늘 상하지만 어쩔 수 없이 견뎌내는 머슴도 있고 좋은 주인을 만나 자식처럼 대접도 받고 주인의 식구들과 함께 음식을 먹는 은혜를 누리는 머슴도 있었습니다. 그들은 종이지만 솔선해서 자기 일처럼 주인의 재산을 아끼고 돌보는 모습이었습니다.

우리는 자유인입니다. 종이 아닙니다. 누구의 종도 아닙니다. 그러나 그 자유로 육체의 일을 하지 말고 서로 사랑으로 종 노릇라고 말씀하십니다. 내가 남을 주인처럼 알고 섬기고 사랑하면 나도 사랑과 존경을 받을 것입니다.

형제들아 너희가 자유를 위하여 부르심을 입었으나 그러나 그 자유로
육체의 기회를 삼지 말고 오직 사랑으로 서로 종 노릇하라(갈 5:13)

•복(福)•이•되•는•일•

주안에서 기뻐하라

기쁨을 찾아 오늘도 수많은 사람들이 방황하고 있습니다.

술에 기쁨이 있는 줄 알고 술에 취해 보기도 하고, 오락에 기쁨이 있는 줄 알고 오락에 빠져보기도 합니다. 스포츠에 빠져 돈과 시간을 바쳐 보기도 하고 취미에 심취해서 기쁨을 찾아보기도 합니다. 그래도 스포츠나 취미는 다른 것에 비해 건전하기는 합니다. 그러나 거기에도 참 기쁨은 없습니다. 잠시 갈증을 씻어줄 뿐 목마름은 채울 길이 없습니다.

요즘은 코미디 프로가 인기입니다. 어른이나 아이나 코미디 프로 앞에서 웃고 기뻐합니다. 배꼽을 잡고 웃기도 하고 코미디언들이 했던 이야기들을 서로 나누며 웃기도 합니다. 그들의 인기도 높아 부러움의 대상이 되기도 합니다. 그러나 TV 앞에서 웃었던 기쁨은 오래가지 않습니다. 코미디언과 함께 나누었던 웃음은 안개처럼 사라지고 맙니다. 채널이 돌려지는 순간 기쁨의 채널도 돌려지고 맙니다.

어디에 변함없는 기쁨이 있을까요? 채널을 돌려도 기쁨은 남아 있고, 전원을 꺼도 살아있는 기쁨은 없을까요?

오직 예수 안에 있습니다. 주안에서 기뻐하는 기쁨이야말로 영원히 사라지지 않는 참된 기쁨입니다.

종말로 나의 형제들아 주안에서 기뻐하라 너희에게 같은 말을 쓰는 것이 내게는 수고로움이 없고 너희에게는 안전하니래(빌 3:1)

경건에 이르기를 연습하라

사람은 연습하는 만큼 잘하게 됩니다. 타고난 소질이 있는 사람이 있기는
하지만 그런 사람도 연습하지 않으면 잘 할 수 없습니다. 세계적인
피아니스트도 매일 8시간 이상을 연습한다고 합니다. 며칠만 연습을
게을리 하면 손가락이 제대로 움직여 주지 않는다고 합니다. 축구 선수도
매일매일 연습합니다. 연습하지 않는 선수는 아무리 그의 기량이 뛰어나도
감독이 경기에 출전시키지 않습니다. 부동의 스트라이커라는 칭호를 얻은
축구 선수가 있었습니다. 그의 공격력과 골 결정력은 탁월했습니다. 그래서
경기에 임할 때마다 그 선수의 이름이 빠진 적이 없었습니다. 같은 포지션에
두 사람의 유능한 선수가 있을 때 감독은 고민을 하게 되는데 이 선수는
기량이 뛰어나서 부동의 스트라이커로 자타가 인정하고 있었습니다. 그런데
불행히도 국제 경기를 앞두고 연습 중에 부상을 당했습니다. 며칠 후
경기가 열리는 날 그 선수의 이름은 명단에 없었습니다. 부상에서 회복은
했으나 연습을 못해 감각을 잃은 것입니다. 육체의 연습도 유익이 있습니다.
건강에도 유익이 있고 성공에도 유익이 있습니다. 그러나 그 유익은 약간의
유익으로 그칩니다. 여기 범사에 유익한 연습이 있습니다.
경건의 연습입니다. 경건의 연습은 금생과 내생에 약속이 있습니다.

망령되고 허탄한 신화를 버리고 오직 경건에 이르기를 연습하라 육
체의 연습은 약간의 유익이 있으나 경건은 범사에 유익하니 금생과
내생에 약속이 있느니래(딤전 4:7~8)

。복(福)。이。되。는。일。

신령과 진정으로 예배하라

가수의 생명은 목소리에 있습니다. 배우의 생명은 연기력에 있습니다. 축구 선수의 생명은 발에 있습니다. 가수가 목소리를 잃고, 배우가 연기력을 잃고, 축구 선수가 발을 다치면 아무 가치가 없는 존재가 되고 맙니다. 독수리의 생명은 날개에 있습니다. 사자의 생명은 발톱에 있습니다. 사슴의 생명은 빠른 발에 있습니다. 강아지의 생명은 귀여움에 있고 돼지의 생명은 통통한 살에 있습니다.

그렇다면 성도의 생명은 어디에 있습니까?

성도의 생명은 예배에 있습니다. 예배가 없으면 생명을 잃습니다.

하나님과의 만남이 없이 성도의 생명이 유지되는 길은 없습니다. 주유소를 필요로 하지 않는 승용차가 없듯이 예배를 경홀히 하면 신앙의 차는 멈추고 맙니다. 예배를 통해 하나님께로부터 내려 주시는 에너지를 공급받게 되고 삶의 모든 문제를 풀어나갈 수 있습니다.

예배는 살아있어야 합니다. 인간의 모임으로 끝나서는 안됩니다. 그러므로 신령과 진정으로 예배해야 합니다.

우리에게 가장 중요하고 생명처럼 여길 것이 있다면 바로 신령과 진정으로 드리는 예배일 것입니다.

하나님은 영이시니 예배하는 자가 신령과 진정으로 예배할지니라(요 4:24)

•순•종•의•열•매•Ⅰ•

말과 혀로만 사랑하지 말고 행함과 진실함으로 하라

말로 사랑하기는 어렵지 않습니다. 말로 도와주는 것도 어렵지 않습니다. 농담이긴 하지만 "돈 있으면 빵 사먹어라"라는 말이 있습니다. 돈이 있으면 당연히 빵을 사먹겠지요 문제는 빵 사먹을 돈이 없다는데 있습니다. 입으로 사주는 빵 열 개보다 돈으로 사주는 빵 한 개가 더 배부르지 않겠습니까? 말은 참 쉬운데 행함으로 옮기기는 참 어렵습니다. 언제 점심 한 번 같이 합시다 하고 점심을 같이 하는 예는 좀처럼 쉽지 않습니다.

부산에 친구가 한 사람 있습니다. 가끔 시외전화가 걸려옵니다. 이런저런 얘기를 나누다 끝 부분에 가서는 꼭 이런 말로 전화를 끊습니다. "언제 한번 내려갈 테니 그 때 만나자" 그 친구 역시 같은 말을 합니다. "서울 올라가면 전화할 테니 만나자" 이러고서 지나간 세월이 10년을 넘었습니다. 지금은 서로 전화번호도 잊었습니다.

입은 참으로 가볍습니다. 힘 하나 안 들여도 이런 약속 저런 위로도 잘합니다. 그러나 행동은 천근만근 무거워서 움직이기가 힘이 듭니다. 입은 무겁게, 행동은 재빠르게 조절해 봅시다.

자녀들아 우리가 말과 혀로만 사랑하지 말고 오직 행함과 진실함으로 하자(요일 3:18)

∘복(福)∙이∙되∙는∙일∘

주안에서 같은 마음을 품으라

한 집에 사는 사람이 서로 마음이 다르면 불행한 일입니다. 물론 사람이
만날 때는 서로 다른 사람으로 만납니다. 자라온 환경도 다르고, 교육도
다르고, 성격도 다른 채 만납니다. 그러나 같이 살다보면 서로의 고집을
하나하나 바꾸며 공통점을 찾아갑니다. 그래서 하나가 되어갑니다. 그래야
행복합니다. 서로 마음이 다르다고 생각해 보십시오 불행한 일입니다.
사사건건 부딪쳐 보십시오 얼마나 힘들겠습니까? 이리 가자 하면 저리
가자고 하고 이것부터 먼저 하자 하면 저것부터 먼저 하자고 하고 나는
죽기보다 싫은 것을 상대방은 미치도록 좋아하고, 나는 보고 또 보고 싶은
것을 상대방은 거들떠보지도 않으면 괴로운 일입니다.
신혼부부가 있었습니다. 남편은 열이 많아 겨울에도 반 팔을 입을 정도인데
부인은 가을만 되어도 추위를 타는 체질입니다. 남편은 옷을 벗고도 창문을
열고 부인은 털옷을 입고도 문을 닫아야 합니다. 그러니 한방에서 사는게
얼마나 힘들겠습니까? 몸도 이러한데 마음이 하나가 되지 못하면 더욱
괴로운 일입니다. 그리스도인은 같은 마음을 품어야 합니다. 그 비결이
어디에 있겠습니까? 기도함으로 상대방의 의견을 존중하며 동참하고
밀어줄 때 하나가 될 줄로 믿습니다.

내가 유오디아를 권하고 순두게를 권하노니 주안에서 같은 마음을
품으래(빌 4:2)

고난 당하는 자는 기도하라

어느 것이나 장애물을 통과하는데는 그것을 뚫고 지나갈 수 있는 무기가
있습니다. 굴을 뚫을 때 흙을 만나면 삽이나 곡괭이로 파들어 가고 돌을
만나면 굴착기나 다이너마이트로 뚫고 지나갑니다. 철조망을 만나면
절삭기로 자르고 콘크리트 장벽을 만나면 해머로 부수면 됩니다.
산악인들이 훈련하는 모습을 보았습니다. 깎아지른 절벽이 앞을 가로막으면
로프를 걸고 올랐습니다. 빙벽을 만나면 손에는 피켈로 얼음을 찍고, 발에는
아이젠을 부착하고 얼음을 찍으며 올라갔습니다. 아무리 거대한 바위도
정복하고 위험천만한 빙벽도 정복하는 모습을 보았습니다. 맨손으로는
안됩니다. 맨손으로는 정복할 수 없는 험난한 코스를 작은 도구 하나만
있으면 능히 정복하는 것이었습니다.
고난의 장벽을 부숴뜨리는 해머가 있습니다. 고난의 절벽을 넘어갈 수 있는
로프가 있습니다. 고난의 미끄러운 빙벽을 올라가는 피켈이 있습니다.
바로 기도입니다. 기도의 해머 앞에 고난의 장벽은 무너집니다. 기도의
로프를 던지면 바위산도 넘습니다. 기도의 피켈로 계속 찍으면 고난의
빙벽도 정복할 수 있습니다.
창고에 넣어 둔 기도를 꺼내 들고 고난을 정복하십시오

너희 중에 고난 당하는 자가 있느냐 저는 기도할 것이요(약 5:13)

∘복(福)∘이∘되∘는∘일∘

즐기워하는 자는 찬송하라

하나님의 은혜로 마지막 말씀을 쓰고 있습니다. 하나님께 모든 영광을 돌립니다. 지금까지 은혜 주신 하나님을 찬양합니다. 찬송하라는 말씀으로 마무리를 하게 되어 기쁩니다. 사람이 하나님 앞에서 행하는 많은 일들 중 하나님을 찬송하는 것이 가장 귀한 일 중 하나이기 때문입니다.

하나님께서는 기도도 즐겨 들으시지만 찬송도 즐겨 들으십니다. 찬송은 기도에다가 곡조까지 붙여놓았으니 들으시기에 더욱 즐거우실 것이라 생각합니다. 기도는 대부분 달라는 것이 많습니다. 어려움을 호소할 때가 많습니다. 때로는 떼를 쓰며, 붙잡고 졸라대지 않습니까? 그러나 찬송은 하나님께 드리는 것이 많습니다. 찬양하고, 높여드리고, 하나님의 하신 일을 칭송하고 기뻐하지 않습니까? 그렇게 보면 하나님께서는 기도보다 찬송을 더 좋아하시지 않을까 생각해 보기도 합니다. 물론 이것은 제 생각입니다. 그러나 깊이 생각해 보면 기도도, 찬송도, 모두 하나님께 드리는 것이니 둘 다 합쳐서 기도도 찬송이요 찬송도 기도가 아닐까 생각도 해봅니다. 고난 당하고 계십니까? 힘을 내서 기도하십시오. 그리고 고난에서 벗어나십시오. 즐거운 일이 있으십니까? 높이 하나님을 찬송하십시오. 내 작은 목소리가 하늘에까지 이르도록 말입니다. 하나님을 찬양합니다.

너희 중에 고난 당하는 자가 있느냐 저는 기도할 것이요 즐거워하
는 자가 있느냐 저는 찬송할지니라(약 5:13)

∘순∘종∘의∘열∘매∘Ⅰ∘